股票·缠论系列

CHANLUNGEGUXIAN

缠论个股详解

扫地僧 著

STOCK

经济管理出版社
ECONOMY & MANAGEMENT PUBLISHING HOUSE

图书在版编目（CIP）数据

缠论个股详解/扫地僧著. —北京：经济管理出版社，2022.4
ISBN 978-7-5096-8391-0

Ⅰ. ①缠… Ⅱ. ①扫… Ⅲ. ①股票交易—基本知识 Ⅳ. ①F830.91

中国版本图书馆 CIP 数据核字（2022）第 061860 号

组稿编辑：杨国强
责任编辑：杨国强
责任印制：黄章平
责任校对：张晓燕

出版发行：经济管理出版社
　　　　　（北京市海淀区北蜂窝 8 号中雅大厦 A 座 11 层　100038）
网　　址：www. E-mp. com. cn
电　　话：（010）51915602
印　　刷：唐山昊达印刷有限公司
经　　销：新华书店
开　　本：720mm×1000mm/16
印　　张：14.25
字　　数：216 千字
版　　次：2022 年 5 月第 1 版　2022 年 5 月第 1 次印刷
书　　号：ISBN 978-7-5096-8391-0
定　　价：88.00 元

前　言

　　缠师从 2006 年起陆陆续续参与了许多个股，这些操作个股的过程散落在其上千篇博文和博文的回复中。如果能将缠师操作个股的过程整理出来，对于学缠者的实操非常有帮助。本书整理了缠师亲自做过的 36 只股票和 3 只权证的过程，并配上彩图辅助分析，是研究缠师操盘手法以及缠论技术运用的最好学习资料。

　　特别感谢临川、牧风、春暖花开、阿再等缠友的无私帮助，他们无偿地帮我收集和整理资料，为本书的创作节约了时间和精力，同时他们也都是非常优秀的缠友，希望他们今后在学缠、用缠的道路上一帆风顺，取得更大的成绩！

　　由于缠师的文笔太过于奔放，因此在引用缠师的原文时，本书做了一定的修改和删减，希望各位缠友能理解。原文可以直接参考缠师博客，或者扫本书页眉二维码加助理，获取缠师原文的电子版。

目　录

缠 论 个 股 详 解

（扫码联系作者）

君子爱财，僧哥有道

2006 年 12 月上旬

水井坊（600779）

四川，别给中国丢人！
（2006-10-18　16：16：23）

本 ID 曾以"收购中国"为题写过几篇文章，力陈中国将面临被收购的现实风险。几年前，本 ID 著名网文"货币战争与人民币战略"中，对这种局面已有所告诫。后来在人民币放开那天，本 ID 写到"中国终于世界了，但世界还能中国吗?"不到两年，对目前的中国企业，要面临的却已是"世界依然世界，中国还能中国?"

对中国企业的异族化，早已麻木。另一帖子也说过，反正鬼佬的钱也是钱，以后就吸鬼佬血了，看谁比谁狠。但这几天，对有关四川某著名白酒企业将被世界第一大酒业集团收购的事，还是有点不能接受。

四川的酒！李白曾喝过的酒，杜甫曾喝过的酒，苏东坡曾喝过的酒。没有酒，哪有中国的文化？没有酒，你让李白如何去"对影成三人"？让杜甫如何去"白日放歌"？又让苏东坡如何去"问青天"？就算全中国的酒都给卖了，四川的酒又如何能忍心卖？某酒，凭洋人的一个奖就成了国酒，但它被李白、杜甫、苏东坡喝过吗？它有什么资格当国酒？要卖就把它卖了，但不要卖四川的酒，因为李白、杜甫、苏东坡喝过！

四川的酒一定要中国，一定要李白、一定要杜甫、一定要苏东坡！在没有李白、杜甫、苏东坡的年代，这大概是一个中国人最基本、最底线的要求了。人，可以没道德，但一定要有底线。

就某酒类股票对所有散户的严重提示！

（2006-12-07　10：00：31）

对四川提出最强烈的抗议。

虽然本 ID 消息极端准确，今天本 ID 手里的某酒厂股票还在大盘大跌时涨停了，但本 ID 还是要抗议。本 ID 之所以买他的股票，就是要抽他的血，他们把厂家卖给外国人，本 ID 就是要抽他们的血。这件事情可能已经无法更改，准确的消息说这几天就要停牌，大概两周，然后宣布外国鬼子进村，气愤！

抗议还是用原来的文章。

全兴是在 2006 年 10 月 9 日改名叫"水井坊"的，该股 10 月 9 日和 10 月 10 日连续两天涨停（见图 1）。

股票代码：600779　　　股票简称：G 全兴　　　编号：临 2006-23 号

四川全兴股份有限公司
关于变更公司名称及股票简称的公告

> **特别提示**
> 本公司及董事会全体成员保证公告内容的真实、准确和完整，对公告的虚假记载、误导性陈述或者重大遗漏负连带责任。

经公司 2006 年第一次临时股东大会审议通过，公司名称由"四川全兴股份有限公司"变更为"四川水井坊股份有限公司"，并已办理完毕工商变更登记手续（包括生产许可证在内的其他更名手续尚在办理过程中）。

现经上海证券交易所核准和统一安排，公司股票简称将由"G 全兴"变更为"水井坊"，股票代码 600779 不变。

特此公告

图 1

然后媒体上就有《水井坊股价狂飙谜底：全球最大酒商有意并购》的报道，参考如下链接：http：//stock.jrj.com.cn/2006-10-14/000001705504.shtml。

公司立刻发布一篇澄清公告，称虽然与帝亚吉欧有接触，但没达成任何协议，见图 2、图 3。

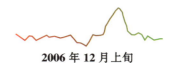

股票代码：600779　　　股票简称：水井坊　　　编号：临 2006-25 号

四川水井坊股份有限公司
关于媒体报道公司并购事宜的澄清公告

> **特别提示**
> 本公司及董事会全体成员保证公告内容的真实、准确和完整，对公告的虚假记载、误导性陈述或者重大遗漏负连带责任。

日前有《经济观察报》等部分媒体刊登了名为《水井坊股价狂飙谜底：全球最大酒商有意并购》的报道，经征询公司控股股东及公司管理层，现就上述报道内容声明如下：

在中国加入 WTO 及经济全球化的背景下，公司控股股东和公司管理层为拓展国际市场销售，打造民族精品品牌，已与多家国际著名酒类企业（包括英国帝亚吉欧公司在内）就水井坊外销等合作事宜进行商务接触。到目前为止，尚未达成任何商务计划或合作协议，也未涉及上市公司并购事宜。公司特别提醒投资者以公司法定信息披露媒体：《中国证券报》、《上海证券报》、《证券时报》、上海证券交易所网站公告信息为准，做出理性投资决策。

公司将继续严格按照上海证券交易所《股票上市规则》和有关规定做好信息披露工作。

特此公告

四川水井坊股份有限公司

董　事　会

二〇〇六年十月十七日

图 2

水井坊关于媒体报道公司并购事宜的澄清公告	2006-10-18
水井坊关于媒体报道公司相关事宜的公告	2006-10-17
水井坊关于变更公司名称及股票简称的公告	2006-10-09

图 3

2006 年 12 月 12 日，水井坊突然发公告称：公司第一大股东四川成都全兴集团有限公司通知，其控股股东成都盈盛投资控股有限公司已经于 2006 年 12 月 11 日签署了《股权转让协议》，把其所持有的四川成都全兴集团有限公司的 43%的股权转让给了帝亚吉欧高地控股有限公司（见图 4、图 5）。

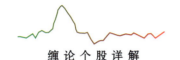

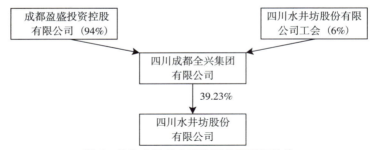

图 4　此次交易前全兴集团公司股权结构

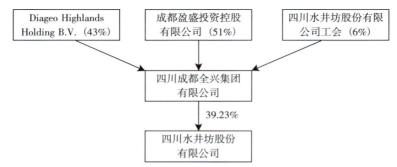

图 5　此次交易后全兴集团公司股权结构

缠师在 12 月 7 日上午 10 点多发布的文章中表示水井坊卖给帝亚吉欧没法更改，说明缠师的消息渠道极其厉害，能提前几天得知。该股在 12 月 6 日涨停，11 日大涨 8.83%，而 7 日和 12 日（公告公布当天）都是冲高回落，说明这只股票的保密工作没做到位（见图 6）。

《心态》文末回复内容

（2007-01-10　15：49：21）

［匿名］心禅　2007-01-10　21：44：20

600779 从 30 分钟图看，2006 年 12 月 20 日（14.58 元）至 2007 年 1 月 5 日（12.37 元）为第一段下跌走势，然后到 1 月 9 日（14.08 元）为第二段上涨走势，到 1 月 10 日（13.47 元）为第二段下跌走势，已经有连续三个走势，完成一个中枢（13.47~14.08 元），接下来继续可能是一个扩张或新生（见图 7）。

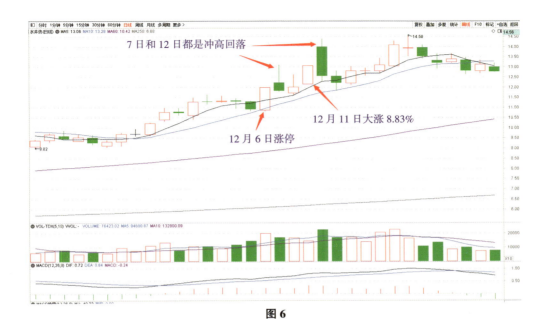

图 6

图 7

缠中说禅　2007-01-10　21：48：18

目前这样的走势，延伸、扩张、新生都有可能，因此在这种位置，在日线上是没有买点的，该股在日线上最近一个买点是 12 月 5 日的第三类买点。对于这样的

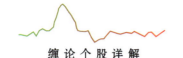

股票，只能是在低位买的继续持有，按照低级别图做短差。当然，中线是没问题的。

这样划分走势，事后看其实是不对的，在当下这种划分走势，预计后面也会出现构成中枢的下上下的第二个下，但事实上下上下的上都没走完（见图8）。

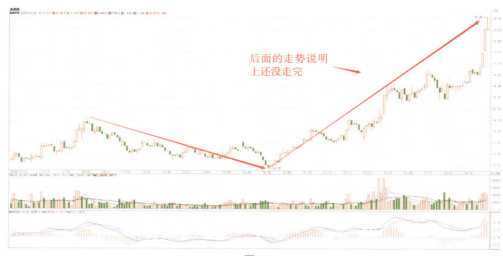

后面的走势说明上还没走完

图 8

《市场继续进入 530 前的怪圈》文末回复内容

（2007-09-10　15：58：37）

[匿名] 一个网友　2007-09-10　16：22：31

我被 600779 这只股票蹂躏得痛不欲生，请缠主指教一下该股的主力意欲何为？叩谢！

缠中说禅　2007-09-10　16：31：02

这股票里人太乱，有的人拥有数量太多，而有的人想把他洗出来，就这样了。股票基本面没有任何问题。

该股在 2006 年 10 月 9 日公告改名时，连续两个放量涨停说明有资金进入，但其保密工作不够好，很多有消息渠道的资金也进去了，一般这种盘子是不干净的，走势也不会很流畅，表现出来的就是反反复复，持股体验特别不好（见图9）。

最终，该股直到 2008 年 5 月才见顶，最高 32.38 元，相比 2006 年 8 月的低点，涨幅达到 413%，走势上是有两个周线中枢，但这两个中枢之间有重合区域，从而发生了中枢扩张，主要原因是里面的人太多，主力经常洗盘，导致走势不够流畅（见图 10）。

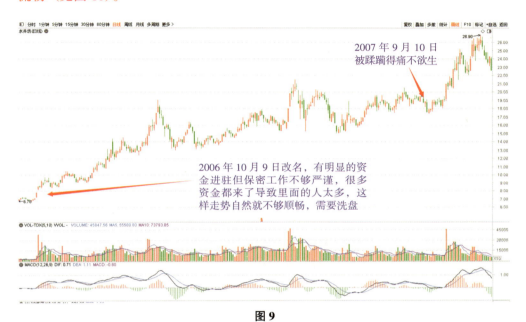

2007 年 9 月 10 日
被踩踏得痛不欲生

2006 年 10 月 9 日改名，有明显的资
金进驻但保密工作不够严谨，很多
资金都来了导致里面的人太多，这
样走势自然就不够顺畅，需要洗盘

图 9

2008 年 5 月

2006 年 10 月 9 日

图 10

2006 年 12 月中旬

缠师是在《教你炒股票22：将8亿的大米装到5个庄家的肚里》一文中提到五只股票，分别如下：

三九医药 （000999）

教你炒股票22：将8亿的大米装到5个庄家的肚里

（2007-01-11　15：10：32）

这药，刚好是一个典型的第三类买点，而月线上是一个典型的圆底。然后就操作起来，把里面那庄家搞得很冲动，不断有筹码喷涌出来。两天后，那庄家怕起来了，有点被掏空的感觉，但周围的基金，闻到筹码的味道，都特兴奋，蜂拥而至，不断折腾，然后又涨起来，接近月线圆底的边缘，好美丽的圆底呀。

《就算是摇头丸也该洗洗盘了》文末回复内容

（2007-01-24 15：40：48）

网友　2007-01-24　14：12：16

今天的药不用说了，大家都看到了，还要继续涨，我敢打包票。呵呵。

可惜没钱，有钱就是砸锅卖铁也要买啊！

缠中说禅　2007-01-24　14：59：52

看来各位还需要好好学习，首先要学的是心态，当所有人都觉得无风险时，洗盘就是必须的了。市场，永远可以被利用的就是恐惧和贪婪，一定要彻底地修炼。

这个庄家是华润三九（000999），以前叫三九医药，先看日线（见图11）：

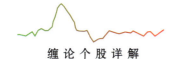

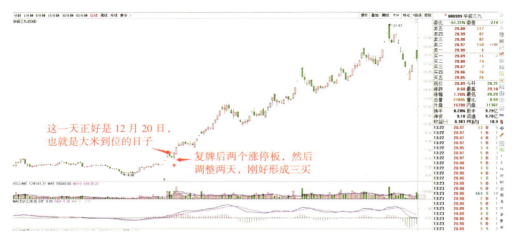

这一天正好是12月20日，也就是大米到位的日子

复牌后两个涨停板，然后调整两天，刚好形成三买

图 11

这个三买是小级别的三买，是停牌前几天构成的小平台（见图12）。

三买

图 12

这个三买在5分钟内是盘整背驰（见图13）。

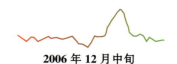

图 13

再看月线（见图 14）：

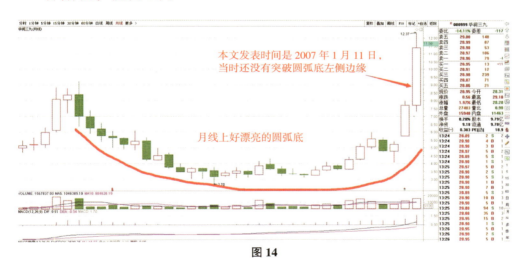

本文发表时间是 2007 年 1 月 11 日，
当时还没有突破圆弧底左侧边缘

月线上好漂亮的圆弧底

图 14

这是 12 月 20 日和 22 日的分时图（见图 15~图 17）。

(扫码联系作者)

12月20日，由于钱刚到，于是下午才开始动手

筹码横飞，成交量明显放大

图 15

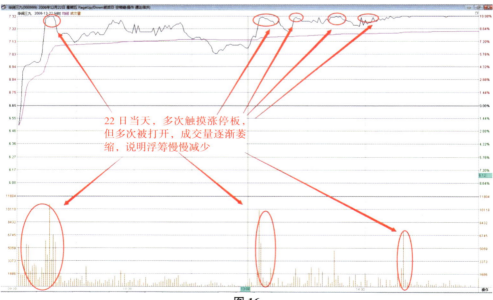

22日当天，多次触摸涨停板，但多次被打开，成交量逐渐萎缩，说明浮筹慢慢减少

图 16

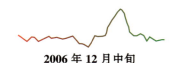
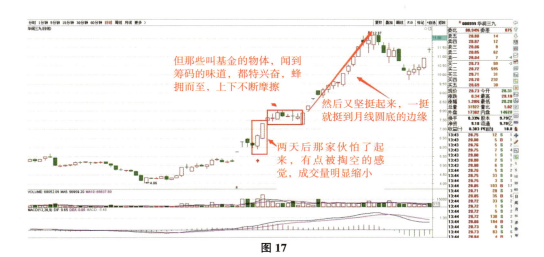

但那些叫基金的物体，闻到筹码的味道，都特兴奋，蜂拥而至，上下不断摩擦

然后又坚挺起来，一挺就挺到月线圆底的边缘

两天后那家伙怕了起来，有点被掏空的感觉，成交量明显缩小

图 17

华润三九（000999）在 2007 年 1 月 24 日开始调整（见图 18）。

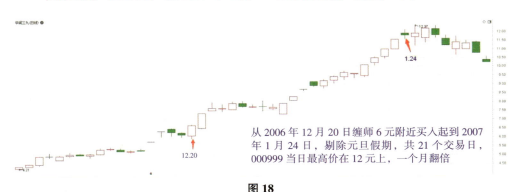

从 2006 年 12 月 20 日缠师 6 元附近买入起到 2007 年 1 月 24 日，剔除元旦假期，共 21 个交易日，000999 当日最高价在 12 元上，一个月翻倍

图 18

走势上，从 1 月 8 日开始的上涨趋势，随着 24 日的放量开板，即将形成第二个中枢（见图 19）。

5 分钟图上，第一个中枢移动的趋势刚好形成第二个中枢，即使后面新高也大概率出背驰，加上当时大盘在 60 分钟上有背驰，所以缠师指出调整要到来（见图 20、图 21）。

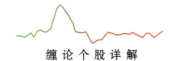

(扫码联系作者)

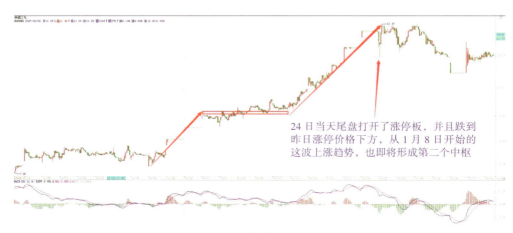

24 日当天尾盘打开了涨停板，并且跌到昨日涨停价格下方，从 1 月 8 日开始的这波上涨趋势，也即将形成第二个中枢

图 19

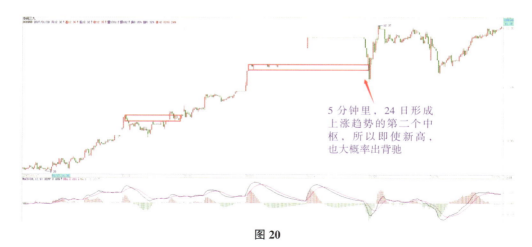

5 分钟里，24 日形成上涨趋势的第二个中枢，所以即使新高，也大概率出背驰

图 20

　　三九医药在 2007 年 10 月 10 日达到最高点 24.88 元，相比缠师 6 元多的成本，涨幅 300%，整个行情走势也演绎了趋势 + 盘整 + 趋势，最终形成一个大的趋势背驰，详细走势拆解如下：

　　从 2006 年 8 月 8 日的 4.06 元低点起，到 2007 年 5 月 24 日高点 21.57 元，是一个七段构成的趋势，如图 22 所示。

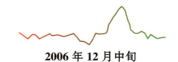
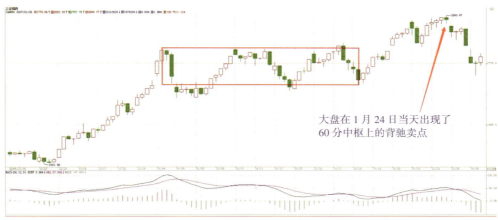

大盘在 1 月 24 日当天出现了
60 分中枢上的背驰卖点

图 21

图 22

　　趋势结束后，进入盘整，盘整走了五段，构成日线中枢，最后顶出背驰段，并且背驰段是由 c_1、c_2、c_3 构成的标准背驰，其中，c_2 构成下方中枢的第三类买点（见图 23）。

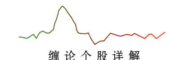

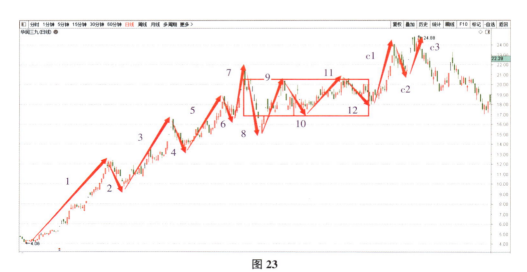

图 23

可以说三九医药这波行情的走势，是学习缠论的经典案例，值得反复揣摩！

建投能源 （000600）

教你炒股票 22：将 8 亿的大米装到 5 个庄家的肚里

（2007-01-11　15：10：32）

该股票有第三类买点，那不是天生就想挨揍吗？所以他就被揍了。第一天，轻轻碰了一下，没什么筹码，这庄家够抠门的。第二天，轻轻突破一下，筹码多了点。其后两天，盘中上蹿下跳的，但筹码不多，碰到一个抠门的主。

一般这种主，不能硬搞，闪一个身，让他摆摆庄家的威风，一根吸管，顺着慢慢往下边走边吸。跌破某整数位后，那家伙也被吸得没了力，下不去了，本 ID 突然晃动明晃晃的"大刀"，一副抢筹状。吓得抠门的家伙飞一样就起来了。对付这种抠门的家伙，更年期的家伙，就要这样，以吸为主，偶尔恐吓。这种抠门的家伙，一般都自以为自己的题材很牛，怕自己损失了什么低价筹码，一恐吓就飞得比鸭子还快。对这种人，就要天天弄他的短差，砸得狠咱就顶死他，拉得狠咱就先躲在旁边，瞧好机会突然袭击他，让他难受。对这种庄家，要像蚊子一样不断地出击，更要像赶鸭子一样往上赶。

这只股票是建投能源 （000600），当时有传闻要整体上市。

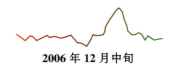
缠师操作的分时图如图 24~图 27 所示。

第一天，轻轻碰了一下，没什么筹码

图 24

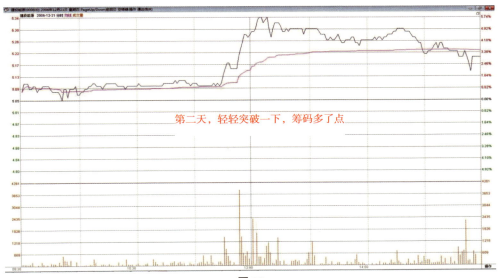

第二天，轻轻突破一下，筹码多了点

图 25

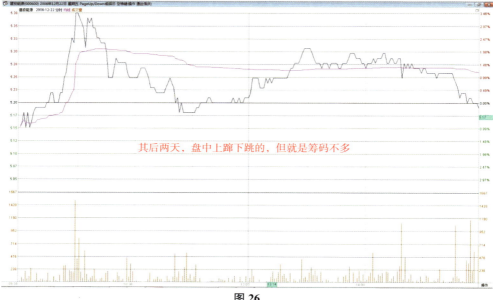

其后两天，盘中上蹿下跳的，但就是筹码不多

图 26

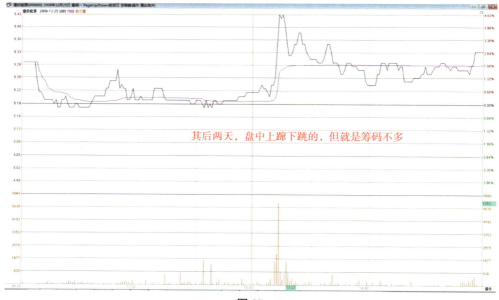

其后两天，盘中上蹿下跳的，但就是筹码不多

图 27

当时的 K 线图如图 28 所示。

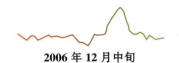
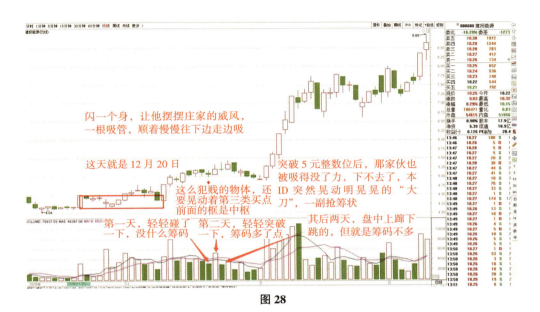

闪一个身，让他摆摆庄家的威风，
一根吸管，顺着慢慢往下边走边吸

这天就是 12 月 20 日

突破 5 元整数位后，那家伙也
被吸得没了力，下不去了，本
ID 突然晃动明晃晃的"大
刀"，一副抢筹状

这么犯贱的物体，还
要晃动着第三类买点
前面的框是中枢

其后两天，盘中上蹿下
跳的，但就是筹码不多

第一天，轻轻碰了　第二天，轻轻突破
一下，没什么筹码　一下，筹码多了点

图 28

30 分钟图里，三买如图 29 所示。

晃动着第三类买点

图 29

　　这个案例中，缠师在 30 分三买的地方入手的，入手后，主力察觉到了，然后开始打压，使该 30 分三买后并没有出现大幅拉升，就继续跌下来了，缠师刚好趁着机会多吸一点货，然后突然一副抢筹状，逼得主力拉升，非常精彩的操作！这也是缠师曾提到的，大资金可以在三买的位置介入，故意让主力看到一些

大单，骗主力打压，从而能多买到一些筹码。

后面，该股又走出了第三个中枢，然后顶出了一个趋势背驰，背驰段内部也是一个趋势，如图30所示。

图 30

该趋势走完后，演变成最后一个中枢的级别扩展，此时可看作接一个反向的同级别盘整走势（图31中红色向下箭头），接着走出一个同级别的趋势上涨，并且后者的上涨力度更大一些。

然后，又是一个最后中枢的级别扩展，并且与上一个反向的向下盘整走势重合，从而构筑出更大级别中枢（图32中红色方框），最后离开该中枢的次级别走势。在2007年9月27日出现三买，再次新高时，出现盘背，从而彻底结束了上涨走势。

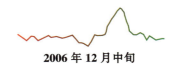

图 31

图 32

(扫码联系作者)

周线上是一个趋势走势，并且以小转大结束了这波上涨趋势，如图 33 所示。

图 33

在周线图上看背驰段对应的 MACD 面积似乎比较小，但无论从力度还是从幅度看，背驰段的力度都比较大，在日线图里看对应的 MACD 面积能看出来，如图 34 所示。

背驰段内部是个盘整背驰，如图 35 所示。

这只股票，缠师 2006 年 12 月底介入时 5 元左右，最终在 2007 年 10 月中旬达到高点 18 元多，涨幅达到 260% 多！

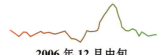

后者明显比前者力度大

图 34

图 35

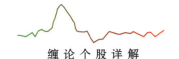

中核科技 （000777）

教你炒股票 22：将 8 亿的大米装到 5 个庄家的肚里

（2007-01-11　15：10：32）

第三只和第一只的代码模式一样。这个庄家比较秀气，典型的江浙派，一看就不喜欢。只是有人不断向本 ID 灌输他要整体变成庄家，有这个题材有那个题材。本 ID 想起 N 年前曾消遣过他，突然心里一动，有了一种怀旧的感觉，试一下 N 年后，这味道是否依然从前。因此，在一个小级别的第三类买点开始下手了。这有点像 419，明知道这只股票能是 419 的，但要的是那种激情，那种不循规蹈矩的风情。第一天，没动手，对一个江浙派，太粗暴是不好的，先用目光杀死他。第二天，为了表示对他的旧情依旧，把他的代码当成买单输进去，买单扫过 N 个价位，砰的一声，成交上出现了他的代码。

……

从第三天开始，在不断的摩擦中，庄家开始拉涨，江浙派也就是江浙派，就是没什么牛劲，每天尾市的游戏继续。

突然有一天，他也玩起打压恐吓的游戏。一个江浙派，水一样的男子，一副恐吓状，真是太滑稽了。前两天，本 ID 就看热闹，不管他，第三天突然发狠，严重警告他，再乱恐吓就把他给杀了。

江浙派果然是胆小之人，一碰到比他还凶恶的人，也只好温柔起来。水一样的男子，一温柔就要拉涨，真是恶心死了。对这种男子，不能整天像蚊子一样咬，一定要在适当的时候突然狠狠一下，他就会惊吓得往相应方向惯性下去，一般来说，这种庄家反应都是有点迟钝的，注定这种庄家画出来的面相，总是反反复复，缠绵不断。

这只是中核科技 （000777），公司在江苏苏州，典型的江浙派。

第一天 （12 月 20 日） 没动手，如图 36 所示。

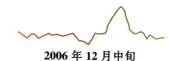

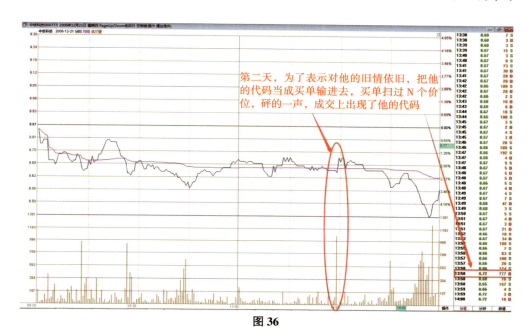

第二天，为了表示对他的旧情依旧，把他的代码当成买单输进去，买单扫过 N 个价位，砰的一声，成交上出现了他的代码

图 36

第二天（12 月 21 日）动手了，如图 37~图 41 所示。

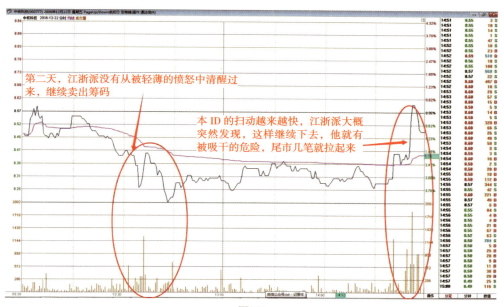

第二天，江浙派没有从被轻薄的愤怒中清醒过来，继续卖出筹码

本 ID 的扫动越来越快，江浙派大概突然发现，这样继续下去，他就有被吸干的危险，尾市几笔就拉起来

图 37

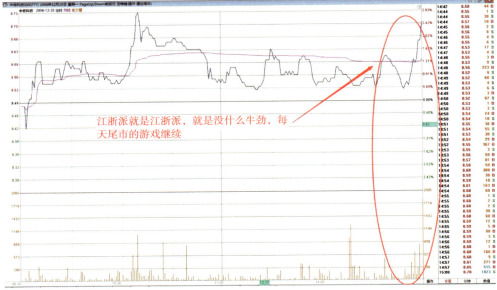

江浙派就是江浙派，就是没什么牛劲，每
天尾市的游戏继续

图 38

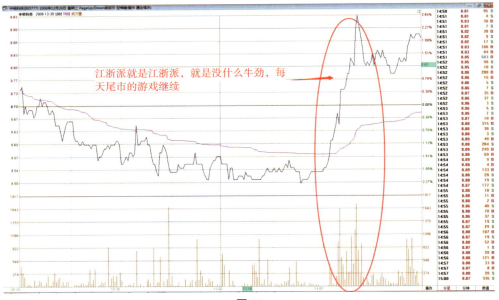

江浙派就是江浙派，就是没什么牛劲，每
天尾市的游戏继续

图 39

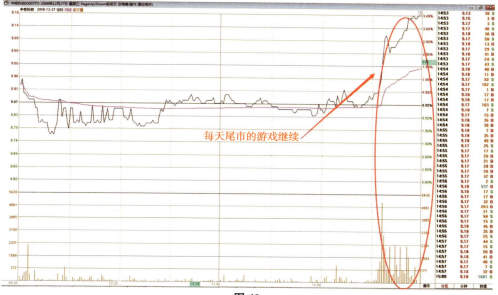

每天尾市的游戏继续 →

图 40

每天尾市的游戏继续 →

图 41

君子爱财，僧哥有道

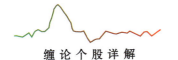

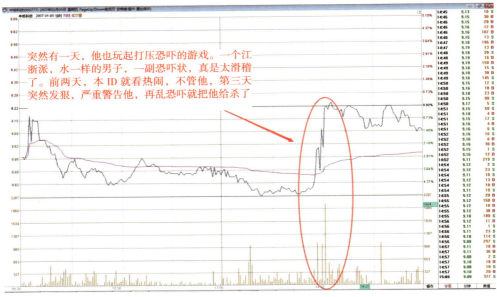

突然有一天，他也玩起打压恐吓的游戏。一个江浙派，水一样的男子，一副恐吓状，真是太滑稽了。前两天，本 ID 就看热闹，不管他，第三天突然发狠，严重警告他，再乱恐吓就把他给杀了

图 42

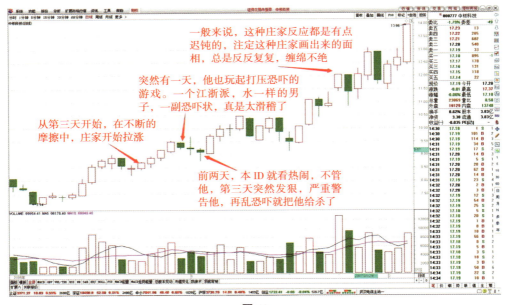

一般来说，这种庄家反应都是有点迟钝的，注定这种庄家画出来的面相，总是反反复复，缠绵不绝

突然有一天，他也玩起打压恐吓的游戏。一个江浙派，水一样的男子，一副恐吓状，真是太滑稽了

从第三天开始，在不断的摩擦中，庄家开始拉涨

前两天，本 ID 就看热闹，不管他，第三天突然发狠，严重警告他，再乱恐吓就把他给杀了

图 43

缠师在 12 月 20 日没动手，原因是当时刚走完离开 30 分中枢的次级别趋势，次级别回抽还没完美。三买后，由于缠师的介入，主力并没有大幅拉升，而是走

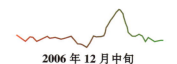
了一个力度比离开 30 分中枢更弱的趋势，在趋势背驰的时候主力突然打压，未能走出凌厉的 30 分上涨趋势（见图 44）。

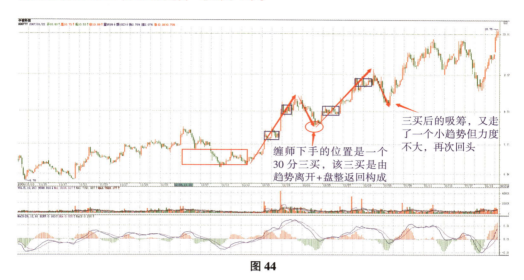

缠师下手的位置是一个
30 分三买，该三买是由
趋势离开+盘整返回构成

三买后的吸筹，又走
了一个小趋势但力度
不大，再次回头

图 44

1 月 11 日出现了 30 分趋势的第一类卖点，然后调整了几天，反而构筑出了日线级别的三买，如图 45 所示。

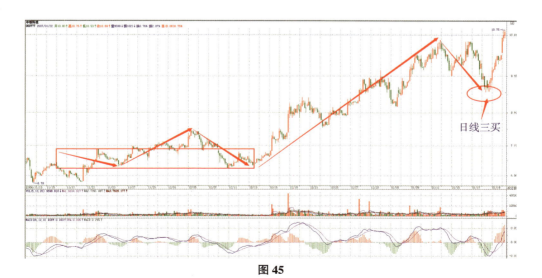

日线三买

图 45

之后进入主升阶段，在日线上是一个 3 中枢的趋势，如图 46 所示。

图 46

日线趋势背驰后，跟着大盘 530 那波调整，顺势构成下方周线中枢的三买，然后快速拉升，最终在 2007 年 10 月出现顶部，该顶部也是周线级别的小转大（见图 47）。

图 47

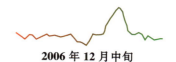
新潮实业 （600777）

教你炒股票 22：将 8 亿的大米装到 5 个庄家的肚里
（2007-01-11　15：10：32）

第四只和江浙派的代码几乎一样，唯一不同的是一个在深圳，一个在上海。对于庄家，解决疑问的最好办法就是干，真理是干出来的。第一天的筹码就不少，浮码很多，十几个交易日前那两根大量暗示庄家经验不足（见图48）。

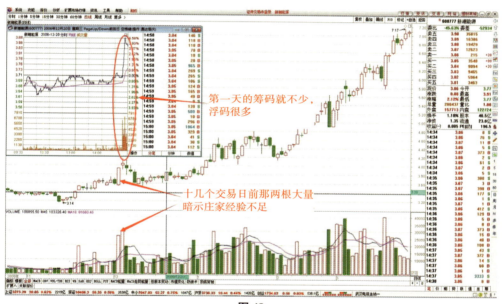

第一天的筹码就不少，浮码很多

十几个交易日前那两根大量暗示庄家经验不足

图 48

这样最好了，浮码多，水就浑，藏点大米还不简单？这大米藏得又快又多，这种打乱仗的感觉真不错，就像一场 NP 游戏，谁怕谁呀。一般来说，对于大资金来说，打乱仗是最好玩的。记得 N 年前那次，把一个庄家从 7 元多一下追了 N 倍，中途就在 20 元多换了一口气，4 家人，一直打乱仗，其他人在周围进进出出晃悠着，好玩透了，还是 NP 好呀（见图49）。

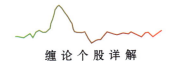

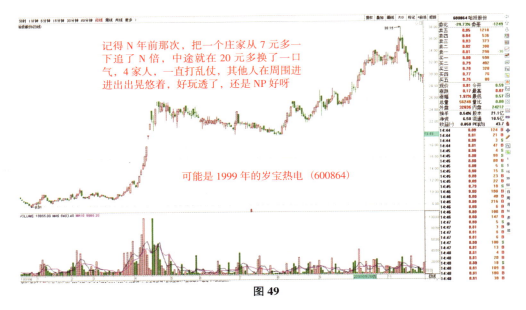

图 49

［匿名］在路上　2007-01-11　21：47：55

请问缠姐：

（1）第二只股票的中枢 ZG 是 10.16 的 4.65 吗？（日线）

（2）第三只江浙的那个好像还在中枢内你就进去了？（日线）

（3）第四只 12 月 20 日之前的突破是回到中枢的，不是说如果触及中枢可能要构成更大级别的中枢吗？我理解行情可能差一点，像我买的 600428 触及了，但走的也还行。

（4）第五只好像也触及了中枢。

请缠姐有空解释一下。

缠中说禅　2007-01-11　22：07：34

就回答你一个，山东人，本 ID 进去的位置是一个周线级别中枢的第三类买点。该周线中枢是一个延伸形态，在图形上是一个标准的三角形，一般中枢的延伸，如果是收敛形态，都会走成三角形，这以后会说到。

其他的自己去研究。

江浙派是中核科技（000777），这个是新潮实业（600777），公司当时在山东烟台，由于缠师 8 亿元的资金到位是 12 月 20 日，而新潮实业在 12 月 4 日和 5

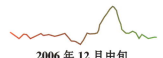

日两天是突然放量，也就是主力进驻的迹象，而缠师 2007 年 1 月 11 日写的这篇文章，所以缠师进驻的时间只能是 2006 年 12 月 20 日到 2007 年 1 月 11 日之间，该股 1 月 5 日被拉起来。由此可以推断，缠师买这只股票的时间是在 2006 年 12 月 20 日至 2007 年 1 月初（见图 50）。

图 50

周线三买，周线中枢是一个收敛三角形（见图 51）。

图 51

这里有人会问：这个周线三买，回抽段的第一部分跌破了周线中枢，还能算

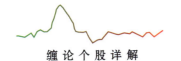

三买吗？如图 52 所示。

图 52

关于这个问题，缠师曾经讲过：第一个次次级别回抽跌破中枢也可以。比如这个案例中，一般会将 1~4 点看作离开段，4~7 点看作返回段，7 点构成三买，但 5 点的位置跌破了中枢，这不符合三买的定义了，怎么办？

很简单，可以通过多义性的组合，使第一个次次级别回抽不在三买的回抽里，也就是把图 53 的 30 分图中 1~6 点看作离开段，6~9 点看作返回段，这样 9 点变成了三买，符合定义！当然，将 1~8 点看作中枢离开，8~11 点是中枢返回，这样的分解也可以，而且从小级别看，11 点看做三买更合适，如图 54 的 5 分钟图，图中 1、4、11、16 点分别对应图 53 30 分钟图里的 8、9、10、11 点，1~4 点、4~11 点、11~16 点分别是 3 个次次级别的走势，由于 4 等于 2，所以 4 点没有背驰，而 16 点是个标准的盘整背驰，这样，16 点才是一个可以在实战中抓住的三买，也就是 30 分钟图 53 的 11 点。

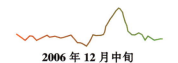

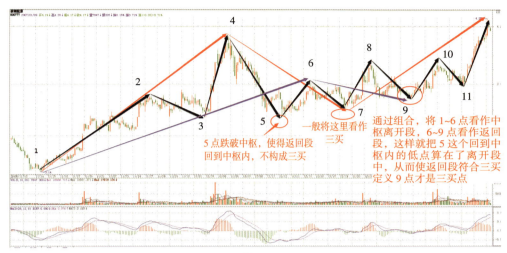

5 点跌破中枢，使得返回段回到中枢内，不构成三买

一般将这里看作三买

通过组合，将 1~6 点看作中枢离开段，6~9 点看作返回段，这样就把 5 这个回到中枢内的低点算在了离开段中，从而使返回段符合三买定义 9 点才是三买点

图 53

图 54

　　后面基本是一路拉升，震荡构筑新的周线中枢，并且最终出现了周线级别的背驰（见图 55）。

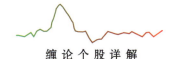

图 55

新兴铸管 （000778）

教你炒股票 22：将 8 亿的大米装到 5 个庄家的肚里

（2007-01-11　15：10：32）

最后一只股票，虽然和江浙派差一个尾数，但性格差很远，典型的山里男子，老实巴交的，没有激情，但很稳健，像个仆人，随便就把大米藏好了。为什么消费他？不为什么，仅仅是因为他和江浙派尾数差一个，而山东人是前面尾数差一个，好记。而且，周线图上的中枢强烈地勾引着走势往上（见图 56）。这种老实巴交的，就算没有什么大惊喜，只要让人放心就好。一般在一个组合里，一定要放个老实巴交的庄家，万一其他股票出现特殊情况，马上变现这只股票去增援，就一定不会出大乱子。市场里，安全是第一的。而对于资金的总体安全来说，一定的快速变现能力是最重要的。

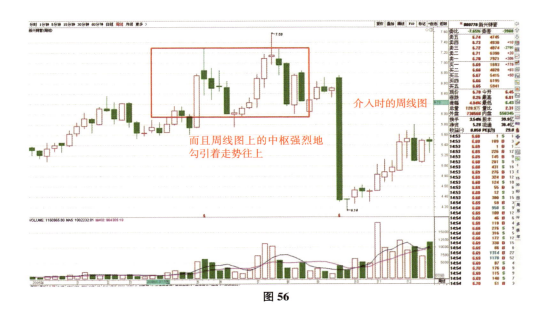

图 56

这只股票是新兴铸管（000778）。

再次强调安全第一，对于大资金来说，还存在着流动性的风险，因此配置一些流动性好的股票是必要的，这是大资金必然会配置银行的原因。该股当时每天的成交额都在 1 亿~2 亿元，流动性没问题，缠师很快就完成了建仓。

站在技术的角度看，缠师建仓的位置，在复权的图中是一个周线三买后突破新高的回抽确认，如图 57 所示。

该股走得比较直接，周线三买后，走了一波四中枢的趋势，然后直接到顶，干脆利落，如图 58 所示。

（扫码联系作者）

图 57

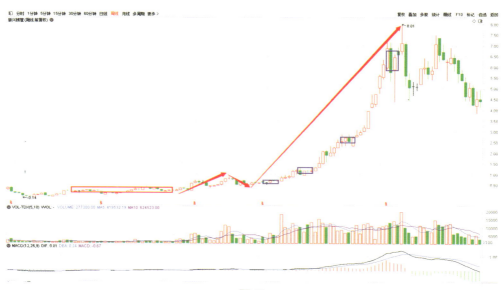

图 58

2007 年 1 月初

缠师在 2007 年 1 月 12 日的《教你炒股票 22：将 8 亿的大米装到 5 个庄家的肚里》文末回复中提到三只股票。

缠中说禅 2007-01-12 10：13：54

注意，现在说这 5 个家伙只是上课，中线没问题，短线如此明目张胆地叫板，对方肯定有反应的。最主要的是 5 只股票短线都有一定涨幅了，别追高。

自己去找一些低价里的第三类买点的，最好别超过 5 元的。

本 ID 过年后新狙击了 2 只股票，都是刚突破前期高位的，一个和药的代码在第四个位置差一点，一个是过年要送礼的，都在突破的位置上折腾着。

那 5 只涨那么多的，只能回调后才能考虑介入。

缠中说禅 2007-01-12 11：47：04

还有一个是刚进去狙击的，与环保有关。3 元多，后 3 只和前面 5 只不是同一批钱，是从工行、中行高位套现的部分。压指数股票炒补涨是年后的大思路，要延续一点时间。工行、中行中线没问题，过段时间，大部队回来又会启动的。

中信海直 （000099）

第一只是中信海直 （000099），1 月 10 日刚突破前期高点，突破之前有一个温和放量，那里预计是缠师介入的位置（见图 59）。

缠师介入后开始一路拉升，直接走了一波日线趋势，直到 2007 年 530 大跌时才结束（见图 60）。

刚突破前期高点

缠师应该是在这几天买入的

图 59

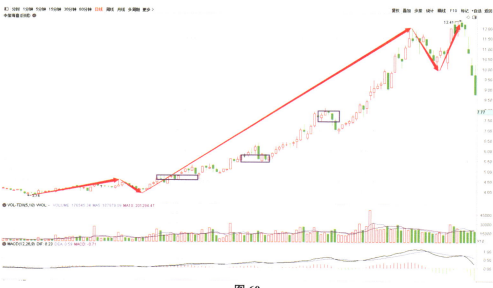

图 60

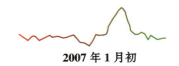
530 调整后，一直到 2007 年 9 月达到最高点，整个走势在周线上是一个周线中枢＋五段趋势背驰构成的周线级别的小转大（见图 61）。

图 61

民生控股（000416）

过年要送礼是民生控股（000416，现在是健特生物），因为脑白金是该公司的产品，它在 1 月 11 日刚突破前期高点，缠师说年后狙击的，指的是阳历年，也就是 1 月 1 日后开始介入的，当时刚好是在离开一个日线中枢的时候，伴随温和放量，应该是图 62 中的位置。

缠师并没有在日线三买的位置下手，最大的原因可能是该股票的盘子不大，三买的位置未必能买到足够的货，而且当时的价格不高，日线中枢刚完成，此时也可以看作是一个类二买。

该股在缠师介入后，一直没能形成日线中枢，一路上涨，在 2007 年 5 月 22 日见顶（见图 63）。

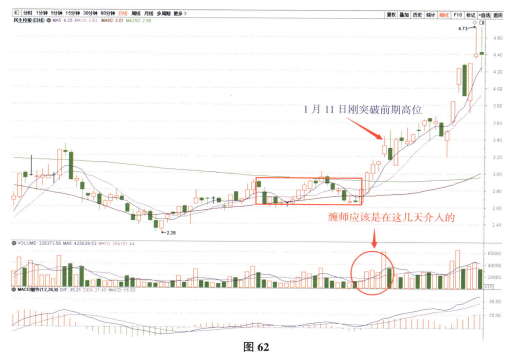

图 62

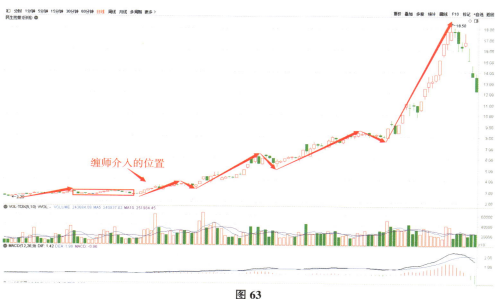

图 63

山大华特（000915）

山大华特（000915）的介入位置和民生控股（000416）比较像，都是出日线中枢时介入的，如图 64 所示。

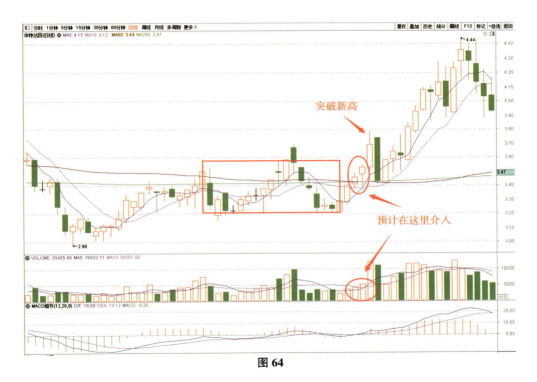

图 64

缠师介入后，立刻进入拉升期，直接走了一波日线三中枢趋势，直到 530 时进入调整，如图 65 所示。

经过 2007 年 530 调整后，该股最终在 2008 年 1 月见顶，周线上刚好是一个周线趋势背驰，如图 66 所示。

这 3 只股票是同一时间买的，应该是来了一批资金，几天内完成建仓，这 3 只股票都是小盘股，狙击的位置比较低。这 3 只股票应该不是随便选的，行业上完全不同，盘子大小和形态却都比较接近，应该是精选后的。而且时间点相当精准，都是买入后立刻进入拉升期，没有耽搁时间。

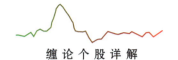

缠论个股详解

(扫码联系作者)

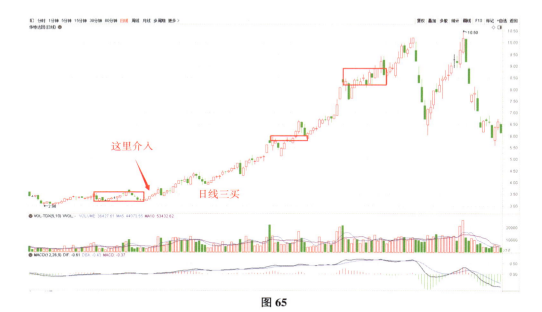

图 65

图 66

2007 年 1 月中下旬

缠师是在 2007 年 1 月 24 日的文章《就算是摇头丸也该洗洗盘了》中提到了调仓到 5 个板块，后来被网友分别猜到军工是航天动力（600343），有色是吉恩股份（600432），农业是隆平高科（000998），环保是京能电力（600578），公用事业是城投控股（600649）。

就算是摇头丸也该洗洗盘了

（2007-01-24　15：40：48）

最近本 ID 特忙，在大换仓，把去年的一些涨幅过大的、现在估值偏高的股票换过来。这些是老资金了，与 12 月 19 日说的不是一笔钱。这段时间的震荡，就是一直在换仓，不仅仅是本 ID 这样干，很多人也这样干。

其实，本 ID 所换的方向，在回帖里都有说过，这段时间本 ID 新换的，主要是如下几个板块：军工、有色、农业、环保、公用事业。前 2 个板块，停了大半年了，也该动动了，后 3 个板块，公用事业主要是一些低市盈率的股票，这是防守仓位；农业、环保，是以后要大力支持的，本 ID 最近忙着搞一件大事情，与这两方面都有关系。

军工、有色，都是最近一两周进去的，自己看技术找买点。本 ID 搞的军工只搞与航天有关的，有色只搞稀有金属。

以上都是梦话，大家洗洗睡吧。

航天动力（600343）

缠师最早在 1 月 16 日提到军工，1 月 24 日提到的军工是最近一两周买入的，当时航天动力（600343）的日 K 线如图 67 所示。

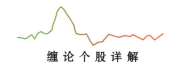

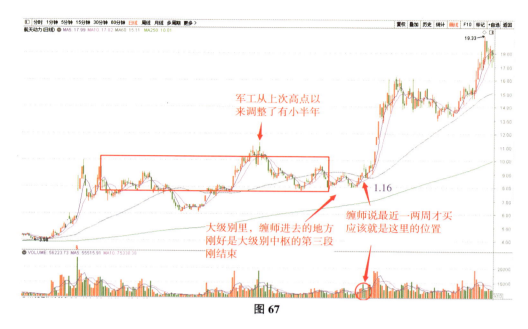

图 67

可以看到，该股在 2006 年 5 月开始调整，第一波调整到 2006 年 8 月结束，又拉升了一波到 2006 年 10 月，然后进入第二波调整，到 2007 年 1 月时，大概过了 4 个月，也就小半年的时间，缠师介入的位置刚好是调整刚结束、形态开始走好的时候。再看 30 分图（见图 68），猜测一下缠师选择动手的具体位置。

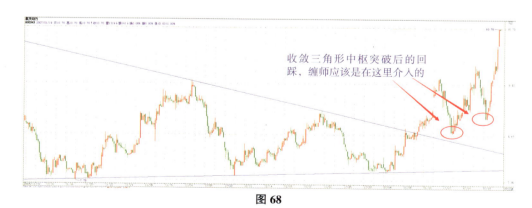

图 68

从图 68 中可以看到，从底部开始刚好构成一个收敛三角形的中枢，1 月 9 日突破该三角形，1 月 11 日和 1 月 17 日分别有两次回抽确认，缠师的介入位置应

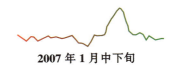

该在这两次回抽的某个时间点，非常技术！

《来这里，首先要洗心革面！》文末回复内容

（2007-01-31　15：13：30）

[匿名] 巴索林　2007-01-31　21：45：22

LZ，听您的进军工板块洪都航空（600316）1月26日明明是第三类买点，现在跌惨了，接下来如何操作啊？

你见过前面没有第一、第二类买点的第三类买点吗？先把概念搞清楚。

那是不是该股没有搞得价值了，我是否要换？

缠中说禅　2007-01-31　22：18：31

你买之前为什么不研究一下基本面？站在走势的角度，如果你有充足的时间，利用短线，可以把成本等降下来，然后就有价值了。你以为本 ID 买股票都是乱买的？

好。本 ID 也不避嫌疑，告诉你为什么本 ID 要买航天动力（600343），因为该股 2007 年的业绩根据研究将达 1 元，而且航天方面将有大动作，以及一些其他没必要说的事情。否则本 ID 凭什么买它？

当然，凭本 ID 的本事，任何股票本 ID 买了都可以搞成负成本，但为什么不挑一个好一点的搞？不能说庄家都是男人，所有男人都要有气概吧。

以中长线的心态选择股票，短线全部用纯技术把成本变成负数，这才能永远不败。

以中长线的心态选股，短线用技术把成本变成负数，中长线心态选股就必须要看基本面，这是中长线选股的基石！

《教你炒股票28：下一目标：摧毁基金》文末回复内容

（2007-02-06　15：04：50）

[匿名] 曦月　2007-02-06　15：15：04

请楼主帮忙分析航天动力（600343），15.8 元买的，怎么办啊？是找个卖点卖了，重新进入把成本降下来，还是继续持有？怕明天还跌啊。

缠中说禅　2007-02-06　15：22：24

为什么买那么高？要在买点买。15.8 元什么时候有过买点了？有错误，就首

(扫码联系作者)

先要改掉。今天 16 元的位置就应该卖掉，这么明显一个卖点怎么不出来？学好理论，以后坚持在买点买，卖点卖。该股中线问题不大，短线有点压力。毕竟大盘跌那么多，除非大盘攻上 2720 点后表现出强势，这样突破新高才是比较稳妥的办法，否则现在贸然买入，大家高兴了，买的人可苦了。本 ID 只按市场规律办事。什么是市场的规律，就是本 ID 的理论。

从日线图上看，能看出是一个趋势，如图 69 所示。

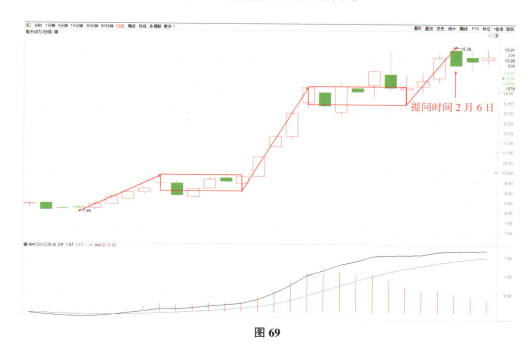

图 69

30 分图里看得更清晰，标准的趋势背驰，如图 70 所示。

背驰段在 5 分钟图里是个盘整背驰，如图 71 所示。

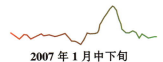
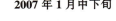

图 70

图 71

更难能可贵的是，这个背驰段是在大盘下跌的时候顶出来的，看大盘对比，如图 72 所示。

这波趋势结束后，进入一个日线调整，而该调整刚好构成了周线三买，如图 73 所示。

图 72

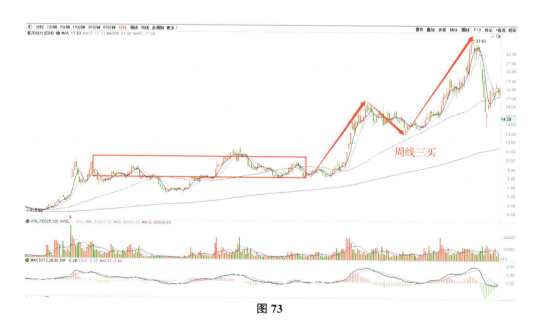

图 73

　　最终，该股在 2007 年 12 月见顶，周线上形成一个周线趋势背驰，如图 74 所示。

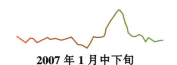

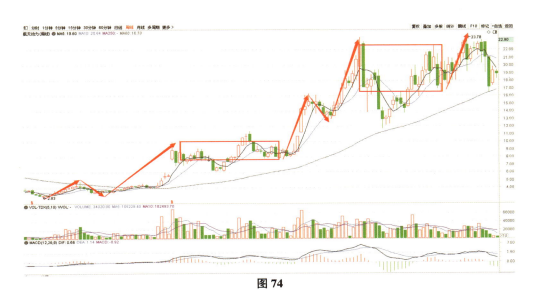

图 74

吉恩股份（600432）

有色指的是吉恩股份（600432），缠师买入的时间大约是 2007 年 1 月中下旬，该位置刚好是一个日线三买后启动的位置，买入后立刻拉升，如图 75 所示。

缠师在 2007 年 1 月中下旬介入该股，位置大约在这里

日线三买

图 75

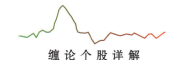

《教你炒股票32：走势的当下与投资者的思维方式》文末回复内容
（2007-02-28　08：44：37）

[匿名] 惊鸿一慕　2007-02-28　15：44：33

谢谢缠姐姐的理论。

昨天在 26.67 元处把新疆众和（600888）卖了，进入日线背驰段立即清仓！

今天下午在 23.60 元之处又全部补回来了，赚了 13%，真爽！

缠姐姐，今天新疆众和（600888）的低位买点形成了第三类买点，我的理解正确吗？谢谢。

缠中说禅　2007-02-28　15：58：26

这只能算依然在中枢里的震荡，这个中枢级别很大，一旦向上突破，空间不小，短线看何时突破了，确认以一个至少是日线上的第三类买点为标准。可以参

图 76

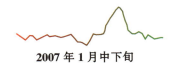
考一下吉恩股份（600432）在 22 元处的那次回抽，不过那个中枢没这个大，突破起来比较轻松。

这个三买是组合出来的，因为最早的三买应该是 1 月 4 日的那次回抽低点，这次的三买是最容易把握的，因为刚好是趋势离开+盘整返回，非常标准，如图 76 所示。

不是每个收盘都需要一个题目

（2007–08–24　15：24：47）

昨晚说了那课程，可能有人会说本 ID 自己那十多只股票里没什么行业龙头、高成长性，不符合本 ID 昨天课程说的。这只是不同的眼睛看出的不同景象。首先，最明显的，000338 不是龙头？600649 不是？000999 不是？000998 不是？000777 不是？甚至，600432、600343、000099、000778，哪个不是细分行业的龙头？知道 000778 是离心球墨铸铁管的世界第一吗？知道离心球墨铸铁管是干什么的吗？知道全世界发达地区，排水管道用的什么？知道全中国就算排水管道更新一次，需要多少吗？知道除了排水，城镇供水输气也用这玩意吗？当然，000778 不止这些东西，知道新兴这两个字代表了多少东西吗？其他股票也一样，就不细说了。

要注意，本 ID 的股票可都是在极低位置说的，例如，000778，说的时候只有 5 元多，现在再买，同样的钱只能买 1/3 的股票不到了，这确实没办法，迟来的人肯定要付出更大的代价，这是天经地义的。而且，这十几只股票都是 2006 年 12 月底开始说的，本 ID 之前买的股票可基本没怎么说过。本 ID 的原则是，本 ID 说的时刻就是自己买的时刻。想想 000999，难道忘了，本 ID 说有一笔新钱，过两天到，还提前先把 000999 给说了，这里应该有人买得比本 ID 还便宜，例如 5.9 元买的。当然，本 ID 买那个量，建仓成本肯定比一般的散户高，早一天晚一天没什么大事。关键是后面把成本变成零的本事，这一点，本 ID 自认天下第二，这天下就没第一了。当然，成本为零，持股决心自然也天下第一，600432，20 元时不少人买过，就半年多时间，现在谁还有？本 ID 可一股还不少。000338，明确告诉，肯定上 100 元的，现在估计也没人有了，其实，这只股票，100 元根本不值一提，想想其在行业中的地位，想想这个行业的规模，你就知道，为什么就

有动力了。

目前市场所处阶段

（2007−09−03　08：49：53）

表 1 是半年报中业绩最好的前 10 名名单。

表1　每股收益前十名

证券代码	证券简称	每股收益（元）
600137	*ST 浪莎	4.75
000338	潍柴动力	1.87
000623	吉林敖东	1.71
600497	驰宏锌锗	1.70
600109	成都建投	1.50
600993	马应龙	1.45
600432	吉恩镍业	1.43
600030	中信证券	1.41
000592	S*ST 昌源	1.34
600677	航天通信	1.29

*ST 浪莎只是重组而来的利润，没什么实质意义，因此第一名实质是潍柴动力，也就是本 ID 要海枯石烂的 10 多 20 只股票中的一只，另外一个吉恩镍业也在十名之内。由此可见，说本 ID 的股票都是垃圾股的，就是胡说八道。

本 ID 股票的基本面，过 N 年以后再评论吧，现在，你又能看到什么？

《资金向政策发起新一轮挑衅》文末回复内容

（2007−09−17 15：46：13）

［匿名］rivus　2007−09−17　16：06：03

老大，有色要上演强者恒强吗？除了您的股票。

缠中说禅　2007−09−17　16：21：05

600432 不是本 ID 股票？今年我以 20 元不到买的，到今天，除了本 ID，请问还有谁有？

顶分型确立显威力

（2007-12-14　00：49：00）

600432：从 20 元不到冲到 132 元，时间也就 9 个月，休整一下很应该，中长线当然没问题，有色的世界行情只要不倒，这是不用讨论的。

600234：本 ID 喜欢代码好玩的股票，有了 600432，当然需要 600234，而且一个等差数列，与前面的等比也要一比。ST 的股票，没技术的人别乱碰，这里玩的就是基本面的大改变，这里有不确定因素，因此才有大的投机价值。

晚安，再见。

从以上缠师关于该股的描述中可知，缠师于 2007 年 1 月中下旬在 20 元附近买入，一直持有到 2007 年 12 月，期间最高点是 132.6 元，整个走势是个周线趋势，然后以小转大结束行情，最终见顶，如图 77 所示。

图 77

隆平高科（000998）

农业指的是隆平高科（000998），缠师调仓买入时间应该在当天（2007 年 1

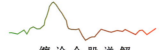

月 24 日）的前几天，形态上是日线大中枢的离开段，当时的成交量说明有资金介入（见图 78）。

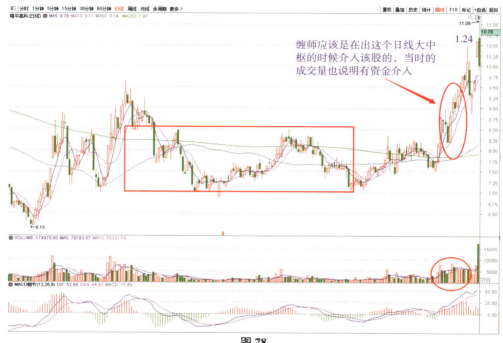

缠师应该是在出这个日线大中枢的时候介入该股的，当时的成交量也说明有资金介入

图 78

《关于大盘个股说几句闲话》文末回复内容

（2007-03-14　08：58：13）

［匿名］白玉兰　2007-03-14　15：25：36

000998 是农业龙头，可是为啥如此蔫？

缠中说禅　2007-03-14　15：31：54

有一定业绩压力，不过问题不大。000938 也有这个问题，所以不能太放肆。

不是每个收盘都需要一个题目

（2007-08-24　15：24：47）

昨晚说了那课程，可能有人会说本 ID 自己那十多只股票里没什么行业龙头、高成长性，不符合本 ID 昨天课程说的。这只是不同的眼睛看出的不同景象。首先，最明显的，000338 不是龙头？600649 不是？000999 不是？000998 不是？

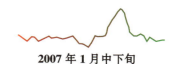
000777 不是？甚至，连 600432、600343、000099、000778，哪个不是细分行业的龙头？知道 000778 是离心球墨铸铁管的世界第一吗？知道离心球墨铸铁管是干什么的吗？知道全世界发达地区，排水管道用的什么？知道全中国就算排水管道更新一次，需要多少吗？知道除了排水，城镇供水输气也用这玩意吗？当然，000778 不止这些东西，知道新兴这两个字代表了多少东西吗？其他股票也一样，就不细说了。

图 79

参考资料：隆平高科：农业板块的龙头（2007 年 1 月 30 日），http://futures.money.hexun.com/2034949.shtml。

顶分型确立显威力

（2007-12-14　00：49：00）

000998：农业股的问题是概念好，但业绩跟不上，所以暂时只能大箱体折腾，等待大的业绩、题材突破机会，但站在长线角度看，总要牛起来的。

因为炒题材只能炒一波，如果没有业绩兑现，要么哪里来跌回哪里去，要么构筑大箱体，等待大的业绩或者题材再突破（见图 80）。

该股在缠师介入后，并没有快速大幅拉升，而先是缓慢爬坡，然后在 12 元附近震荡了一个月，之后开始拉升，并在 2007 年 530 时达到阶段性顶部（见图 81）。

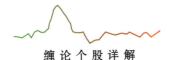

缠论个股详解

（扫码联系作者）

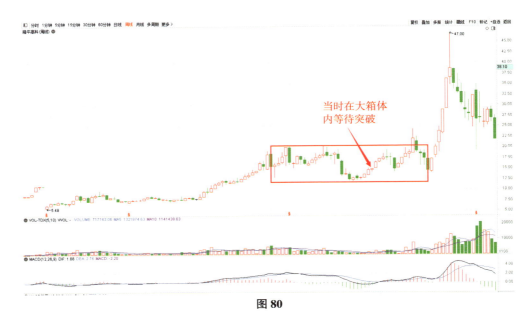

当时在大箱体内等待突破

图 80

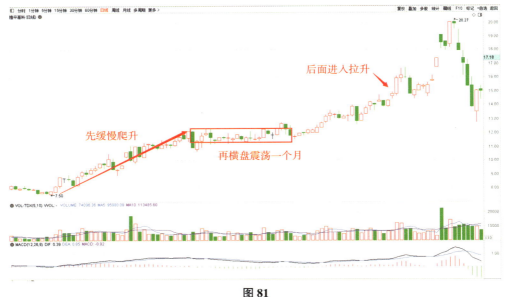

后面进入拉升

先缓慢爬升

再横盘震荡一个月

图 81

之后一直做大的箱体震荡，即使在 2007 年 10 月，也没创新高，一直到 2008 年 5 月，该股突破大箱体，急拉一波见顶！整个走势在周线上是一个没有背驰的趋势，最终以小转大结束了该周线级别上涨趋势，如图 82 所示。

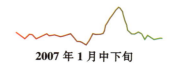

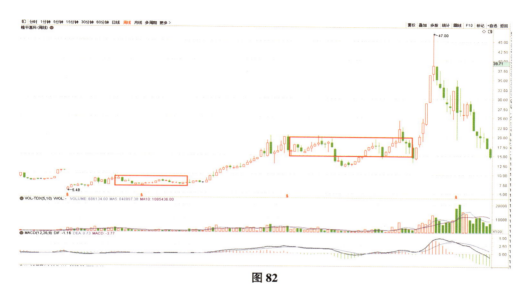

图 82

城投控股（600649）

缠师在 2007 年 1 月初大盘进入震荡时，开始调仓换股的，其中买的公用事业股是城投控股（600649），这是防守仓位。缠师建仓的位置大致如图 83 所示。

图 83

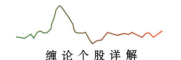

这个位置刚好是日线笔中枢的三买，在 30 分图里更清晰，如图 84 所示。

图 84

对手，有本事拿几十亿股联通把本 ID 砸死！

（2007-02-26　15：50：13）

那些庄家以及庄家都不如的，就不说他们了。大盘震荡的反复不可避免，而且站在纯技术上，就算站稳 3000 点上攻，也有极大可能进入日线的背驰段。但个股，特别是有题材的二、三线股票，将越来越摆脱指数的影响。联通是让大家观摩的，散户真没必要买，原来说过的 14 只股票，究竟整体走得怎样，大家也有目共睹了。不妨再列一次出来：

12 月中旬说的：000999、000777、000600、000778、600777。

元旦后说的：000416、000915、000099。

1 月中下旬说的：600343、000998、600649、600578、600432。

2 月上旬说的：000938。

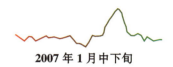

《教你炒股票 42：有些人是不适合参与市场的》文末回复内容

（2007-04-04　15：31：30）

[匿名] 缠迷　2007-04-04　16：33：10

缠妹妹，600649 也是 14 只股票里的，现在看，就它走得最慢，但我一直握在手里，让它磨炼我的耐性，但也快坚持不住了。呵呵！

缠中说禅　2007-04-04　16：55：32

你要看看它在什么地方，打开周线图，看看它的左边，这是历史密集区。

缠师 2 月 26 日提到该股突破新高（见图 85），截至 4 月 4 日（周三），股价在此震荡了 28 个交易日；该缠友发出"走的最慢""快坚持不住"的感叹；而两天后 4 月 6 日大阳突破，开启新一轮上涨走势。

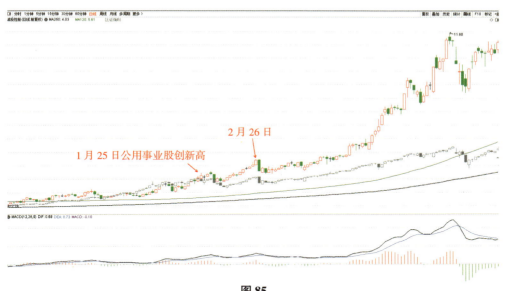

图 85

该股日线图如图 86 所示。

这个位置从周线图看，刚好是历史成交密集区，也是该股历史上顶部的位置。周线图如图 87 所示。

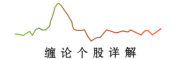

缠 论 个 股 详 解

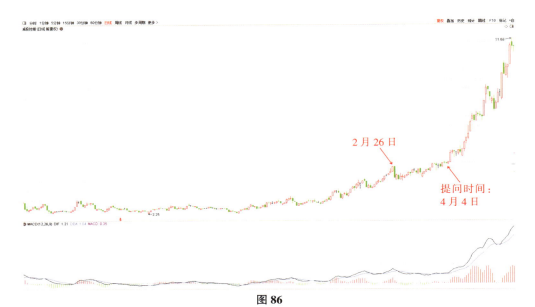

图 86

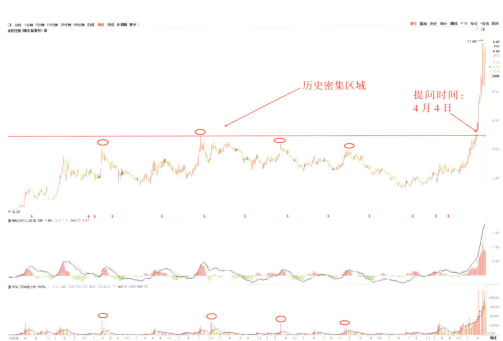

图 87

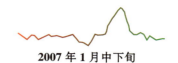

热点，如期蔓延中

（2007−08−13　15：38：41）

本 ID 买股票从来都不是乱买的，8 元让各位买 000777 时，各位当然不可能知道该股基本面将会怎样，但本 ID 就知道，这就是对基本面的把控能力，光技术面，只是一方面。例如，600649，大概到现在，没人知道该只股票卖的什么药，但如果研究一下该股是现在管理层的资本运用的辉煌历史，还有上海市对国企重组的计划，那么，当然就明白，本 ID 当时让各位在 6 元时买入，不是瞎说的。好的剧本，当然是慢慢展开的，本 ID 经常是在序幕时就告诉各位，所以，如果没耐心的，千万别买本 ID 说的股票。否则，请问，有谁能把 000777 从 8 元拿到现在？大概，除了本 ID，来这里的人是不会有了。

（这里原有私人资料已删除，有缘得之，无缘亦不失，梦中游戏，能窥操作之一斑，不枉本 ID 之冒险一帖。）

从这段话也就知道，缠师选这些股票不是随便选的，都是做好了充分的调研，或者是基于极其准确消息基础之上的，在这个大前提下，技术部分只是用来解决何时入场的问题了。600649 当时是重组的，其背景如下：

1993~1997 年，组建原水上市融资，为上海城市基础设施建设解决资金难的问题，这在当时城市基础设施的投融资案例中，是一个非常经典的案例，对当时来讲是一个重大创新。

2006 年，原水股份进行股权分置改革。

2007 年，原水股份开启重组，原来的水务业务转为拥有环境处理、房地产开发和股权投资等多元业务。

第一目标达到后的例行休整

（2007−12−12　15：33：01）

600649：5 元的时候提示买入，现在 N 个月后翻了几倍。一直在高位之上站着，仅水资源概念就足以站住了。唯一的风险是，万一大盘反弹后，有补跌的压力，但站在长线看，根本不算什么（见图 88）。

从事后看，大盘在 2008 年 1 月 14 日完成反弹，开始下跌，而该股在 2008 年 1 月 8 日见顶，开始补跌。长线上，该股在 2015 年 8 月 14 日创出历史新高。

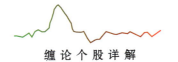

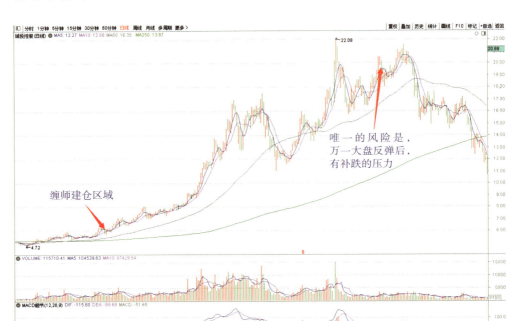

图 88

这只股票从底部到顶部走的是一个周线级别的五段趋势背驰，如图 89 所示。

图 89

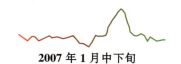
　　缠师介入的位置依然是周线级别中枢刚被突破后，在底部刚刚走强时，后面基本没有什么大的回调，买入后大约 3 个月就翻倍了，最大涨幅约 340%，买入的位置正是启动点，非常精准！

京能电力（600578）

　　缠师介入的时机大约是 2007 年 1 月中下旬，1 月 15 日出现了日线三买，然后强力突破了一个大的周线中枢，也是一个大平台，缠师介入的位置正是突破的时候！如图 90 所示。

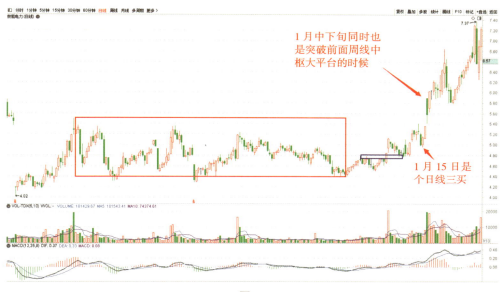

1 月中下旬同时也是突破前面周线中枢大平台的时候

1 月 15 日是个日线三买

图 90

　　突破后一路上涨，直到 2007 年 530 调整时才构筑第二个日线中枢，并在 2007 年 6 月 22 日出现日线趋势背驰，如图 91 所示。

　　然后扩展出周线中枢，最终没能顶出周线背驰段，由中枢震荡转为下跌，如图 92 所示。

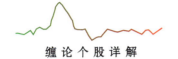

图 91

图 92

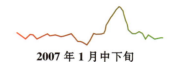
本 ID 理论的现场教科书演示

（2007-09-12　15：42：13）

个股方面，其节奏不一定和大盘一样，以本 ID 股票为例子，600578、000099、000999 这些，昨天并没有任何构成日顶分型的迹象，而今天很快也破坏了形成日顶分型的可能，这是短线的强势股，一定要耐心等待日顶分型的出现。

这是该股在冲顶时缠师的点评，当时该股刚刚突破周线中枢，当天是一个涨停板，此时缠师指出没有任何构成日线顶分型的迹象，那就应该继续留着，可以看到，几天之后，顶部出现了日线顶分型，那时再走也不迟！如图 93 所示。

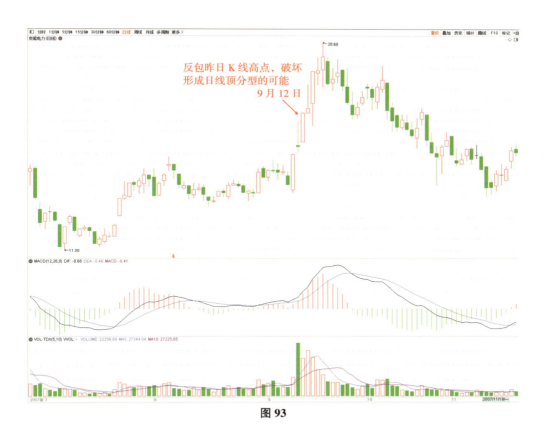

图 93

2007 年 2 月上旬

紫光股份 （000938）

《〈论语〉详解：给所有曲解孔子的人（50）》文末回复内容
（2007-02-05　15：04：29）

缠中说禅　2007-02-05　15：18：33

大盘的走势没什么可说的，周线第一段的探底中，应该在最多是 30 分钟的背驰后结束。目前的走势很简单，就是等待一个 5 分钟的背驰把 30 分钟 MACD 拉回 0 轴。

这 5 分钟的背驰很快将出现，明天就很有可能，这无须预测，看图就可以。今早的只算是宣告进入背驰段，精确的背驰点还要看 1 分钟级别的走势。

个股方面没什么可说的。本 ID 有的个股走势都比大盘强，这是有目共睹的，就不说什么了，按图操作吧。

明天将有一篇厉害文章，叫"下一目标：摧毁基金。"

本 ID 目前正在一只个股上实验着，看看有没有可能。

最近本 ID 正逐步建仓 000938，刚进去，货不多，以前 90 多元抛的，现在看着便宜，就狙击一下吧，注意该股基本面上有坏消息，大家都等着坏消息出来吃货，技术不好的，就别碰了。

基本面有坏消息，后文看，指的是业绩问题。可能是 2005 年业绩太差，对 2006 年业绩有所担忧。

2007 年 4 月 6 日公布年报，如图 94 所示。

3.1 主要会计数据（单位：元）

	2006 年	2005 年	本年比上年增减	2004 年
主营业务收入	3,501,902,068.18	3,394,856,007.94	3.15%	3,090,352,684.38
利润总额	28,104,927.98	-21,241,372.28	232.31%	34,144,222.10
净利润	10,746,153.09	-32,175,835.70	133.40%	25,813,777.35
扣除非经常性损益的净利润	4,810,443.87	-35,714,957.09	113.47%	18,737,816.86
经营活动产生的现金流量净额	224,690,205.95	40,641,459.31	452.86%	-29,701,252.11
	2006 年末	2005 年末	本年末比上年末增减	2004 年末
总资产	1,758,790,673.73	1,630,956,497.99	7.84%	1,734,337,470.15
股东权益（不含少数股东权益）	620,903,527.21	613,363,281.70	1.23%	655,745,878.44

3.2 主要财务指标（单位：元）

	2006 年	2005 年	本年比上年增减	2004 年
每股收益	0.052	-0.156	133.40%	0.125
净资产收益率(%)	1.73	-5.25	增加 6.98 个百分点	3.94
扣除非经常性损益的净利润为基础计算的净资产收益率(%)	0.78	-5.63	增加 6.41 个百分点	2.87
每股经营活动产生的现金流量净额	1.090	0.197	452.86%	-0.144
	2006 年末	2005 年末	本年末比上年末增减	2004 年末
每股净资产	3.013	2.976	1.23%	3.182
调整后的每股净资产	2.930	2.957	-0.91%	3.163

注：非经常性损益项目
√适用

项　　　目	涉及金额
营业外收入	638,246.27
营业外支出	596,927.09
处置长期股权投资产生的损益	6,730,688.25
收取的资金占用费	812,266.56
汇兑损益	-122,895.67
以前年度已经计提各项减值准备的转回	239,893.58
合计	7,701,271.90
减：所得税	394,885.16
减：少数股东损益	1,370,677.52
扣除的非经常损益净额	5,935,709.22

图 94

参考资料：紫光股份：2006 年年度报告摘要，http://notice.10jqka.com.cn/api/pdf/5c286ca78293aebf_/%E7%B4%AB%E5%85%89%E8%82%A1%E4%BB%BD%EF%BC%9A2006%E5%B9%B4%E5%B9%B4%E5%BA%A6%E6%8A%A5%E5%91%8A%E6%91%98%E8%A6%81.pdf。

　　缠师介入该股的时机是在刚突破一个底部大平台后的第一次调整，如图 95 所示。

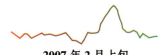
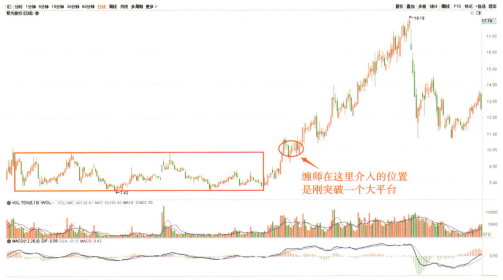

图 95

这个位置看似三买，但实际上并不是，两次回抽都进入下方中枢内了，所以并不是三买，只是突破大平台后的第一次调整而已（见图 96）。

图 96

《教你炒股票 28：下一目标：摧毁基金》文后回复内容

［匿名］大河　2007-02-06　16：17：03

　　昨天看了 LZ 对火箭股份的回复，我以为它形成了周线上的第三类买点，早知道今天上午大盘会跌，还是在开盘时以 18.35 元买入，结果跌了 5 个点，我是不是又错了，在低位 17.17 元的时候又不敢再补回来，因为它没有背驰，想问一下，我错在哪里呀，该股从 2 月 1 日 9：35 到现在是不是还在一个盘整中？因为我看它尾市 5 分钟上对应的红柱子减少了，是不是可以说它明天又要跌了，请问缠妹妹我是不是买在卖点上了。

　　缠中说禅　2007-02-06　16：29：26

　　学了本 ID 的理论还像一般人那样抢开盘就太无聊了。要学会耐心等待买点。今天早上那价位是买点吗？后来砸下来反而出现一个短线买点，当时大盘也见到 5 分钟的精确买点。那时候才该进去，然后对冲出来或不出来，等 1 分钟卖点，都可以。这样才能把成本降低，否则学本 ID 理论干什么？随便听一个说说就算了。要把这些追高或不在买点买、卖点卖的坏毛病改了，否则很难进步的。

　　还有，顺便说说，今天如果说追高买 000938，都是有问题的，等买点，股票又不是什么，一定要马上拥有的，有买点再说。没买点，任何股票都是垃圾。

　　2 月 6 日上午，并没有买点，反而有个 5 分钟的盘整背驰卖点，盘背后，在当天下午经过三波回抽，才有个短线买点（见图 97）。

《教你炒股票 31：资金管理的最稳固基础》文后回复内容

［匿名］看聊　2007-02-15　15：50：34

　　缠妹妹，000938 走得也过于稳健了吧，它和大众公用都有创投概念，可走势却天壤之别。虽然我认为它能上 16 元，可看其他股票的飞涨心情很不爽，看来我还要悟禅。

　　缠中说禅　2007-02-15　16：13：53

　　000938 主要是业绩有问题，所以大家都有所顾忌，一旦业绩明朗，就会放手大干了。这么大的牛市，一个从 100 元下来的股票，难道连 20 元都上不去吗？现在主要是货少了，而不是拉不拉得上去的问题。对散户来说，你可以长期关注，根据技术图形打短差，高位卖了，然后就买其他股票，回跌有大买点了，再

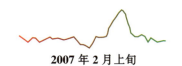
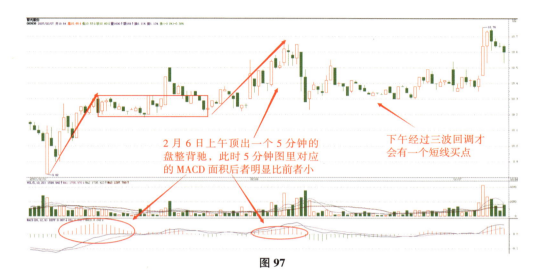

2 月 6 日上午顶出一个 5 分钟的盘整背驰，此时 5 分钟图里对应的 MACD 面积后者明显比前者小

下午经过三波回调才会有一个短线买点

图 97

回补，这样资金效率就高了。等货比较集中了，自然有连续拉升的行情。

注意，000416 没有？为什么业绩公布不好，调整两天后又开始大幅上涨，道理很简单，货干净了。

主要问题是它的业绩到底能不能有保障，这是主力敢不敢大举拿货的原因，货拿得不多，走势也就缠绵，一旦确定未来的业绩有保障，就敢拿货，哪怕当下的业绩不好，只要货拿够了，也能拉升，就像 000416，2006 年 10 月 24 日业绩预告，利润同比下降 91%，然后调整了一段时间，继续大幅上涨（见图 98）。

《对手，本 ID 就把你们像庄家一样玩弄！》文后回复内容

[匿名] 努力学习　2007-03-01　15：46：34

先顶再看，000938 今天震荡幅度到了 9%……可惜高位没走……

缠中说禅　2007-03-01　16：12：12

有卖点就要出，别整天事后才后悔，这样永远学不好的。

图 99 是紫光股份 3 月 1 日的 5 分钟图，可以看到，0~5 点是一个盘整走势，1~4 点是中枢，4~5 点的力度比 0~1 点大，所以没有盘整背驰。那么卖点在哪里呢？卖点其实在 7 点，因为 5~6 点回到了中枢内，6~7 点继续离开，但力度已经明显减弱，而且不能创新高，甚至不能回到 5 点后的小中枢内，所以当天 7 点是个卖点！

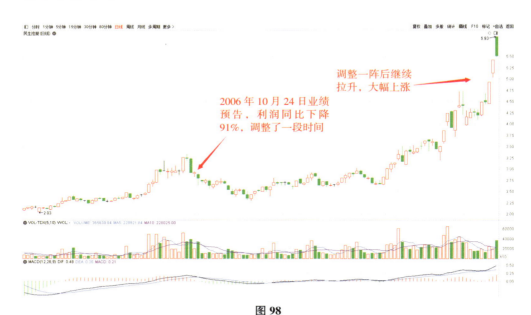

调整一阵后继续
拉升，大幅上涨

2006 年 10 月 24 日业绩
预告，利润同比下降
91%，调整了一段时间

图 98

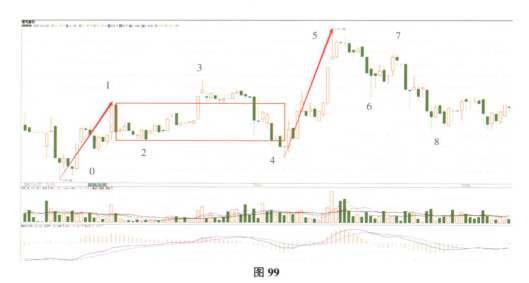

图 99

还你漂漂拳之风再起时

（2007-08-30　16：05：43）

看看 600635、000998、000938、000099、600578、000915 等，哪个不是万草狂舞、飞沙走石、天昏地暗、日月无光的？就算最近开始狂动的 600008，在 8 月

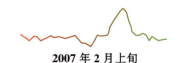
20 日前的相交线，还不够万草狂舞、飞沙走石、天昏地暗、日月无光？你去看看今天涨停的股票，有多少是相交线而万草狂舞、飞沙走石、天昏地暗、日月无光的？还记得几天前本 ID 再次强调相交线的重要性，难道相交线都要别人代替？

示意图（不复权）如下：

大众公用（600635）示意图如图 100 所示。

图 100

紫光股份（000938）示意图如图 101 所示。

图 101

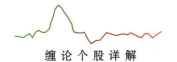

隆平高科（000998）示意图如图 102 所示。

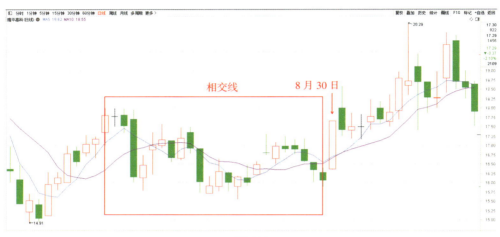

图 102

中信海直（000099）示意图如图 103 所示。

图 103

京能电力（600578）示意图如图 104 所示。

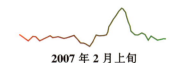
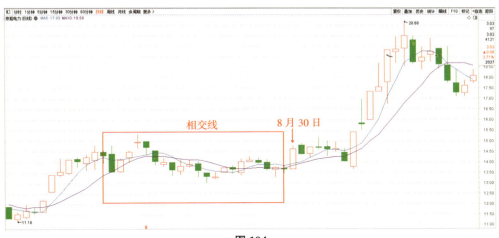

图 104

山大华特（000915）示意图如图 105 所示。

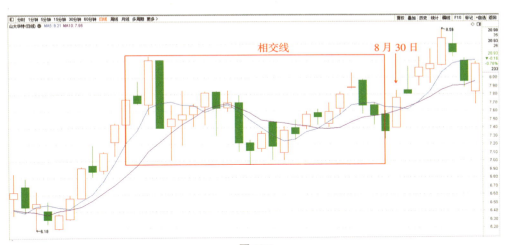

图 105

刀锋上的行走

（2007-08-31　16：04：19）

个股方面，没什么可说的，该说的在 8 月 13 日已经全说了："个股方面，一、二线成份股的行情依然会延续，但要注意升幅过大后的短线震荡风险，而当业绩风险释放后，二、三线题材股会找到重新活跃的动力。"

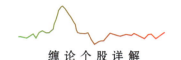

至于一直有人说本 ID 原来那十多只股票基本面很差，纯粹垃圾股的，最近的看法也应该有所改变了。本 ID 从来不乱买股票，如果乱买，那么整个股市中最与 VC 及 PE 相关的两只股票 600635、000938，为什么都在本 ID 的组合里？本 ID 那 10 多只股票中，业绩暴增百分之几百甚至一千的，难道还少？当然，这只是冰山一角，就像 000938，谁告诉你就是 PE、VC 这点事情？

长线介入与短线介入根本不是一回事，本 ID 已经把最好的方法告诉各位了，就是利用中短走势把长线成本降到零，然后长线持有，对于大资金，这基本是唯一可行但效率最高的方法。如果是小资金，那根本不需要这样，你忙得过来，技术又可行，那么天天都可以冲动一把，关键是你能否有时间、通道与技术。

但小资金弄好了，最终都要有大资金的，所以最终都要走这条道路。

没有成本，本质上是没有占用资金，这样才有安心持股的可能以及效率。那些连几个月都熬不住的，根本就不适宜做股票。例如，000938 之类确实很无聊，但如果你零成本长线持有了，那就不无聊了。这股票历史天价是 100 元，一只清华的股票，大牛市竟然可以不创历史新高，你相信吗？当然，这可能需要 1 年、2 年……N 年，但对于零成本后，就无所谓了。而且，清华企业的整合是必须和必然的，这里的空间有多少，本 ID 不想去预测，没意义。总之，本 ID 零成本地和它海枯石烂了。

其实，本 ID 还有一只独自去偷欢的股票，比 000938 更无聊，就是 000021，原来的深科技，7 元时介入的，现在已经三个季度了，除了已经把成本降为零，这只股票没有任何值得炫耀的地方，但本 ID 也与它缘定三生了。

对不起，本 ID 只会把股票变零成本后海枯石烂地持有，除此之外，对大资金，本 ID 不知道任何在大牛市里更好的操作方法。当然，在一个大级别的回调中，本 ID 也会弄一个短差去增加筹码数，这大概就是本 ID 唯一能再干的活了。

创业板有望年内推出的消息出来后，作为国内知名创投企业之一的紫光创投，吸引了无数关注的目光。而拥有紫光创投 16% 股份的紫光股份（000938）一时间成为市场所追捧的创业概念股之一。

相关人士指出，创业板的开出，将给创投企业提供一个良好的退出渠道。紫光股份作为正宗的创投龙头，有望实现爆发性的发展，成为未来创投行情高涨的

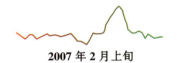
市场中的最大赢家。

参考资料：创投概念 3 大金股即将爆发，https://business.sohu.com/20080201/n255012301.shtml。

吃得咸鱼抵得渴

（2007−09−03　15：38：43）

个股方面，可以充分关注技术走势的意义。用本 ID 有的个股为例子说明：

第一类，如 600636，属于最弱的股票，还没有重新站在半年线，这种股票的任务是先站住半年线，然后展开。具体到该个股，基本面上不存在任何问题，只是里面的人太杂。

第二类，如 600737，前几天刚突破 530 点后的第一个反弹高位，然后回调，对于其他股票有同样的意义，这类股票的任务是通过震荡站稳该位置，然后去挑战 530 的高位。

第三类，如 000938，突破 530 高位后出现震荡，都是最正常的。这类股票，短线能否继续展开行情，关键是 530 高位能否在震荡后站稳。

000938 在突破 530 高点后，进入震荡，但最终没有站稳 530 高点位置，下破后再次筑底才来，如图 106 所示。

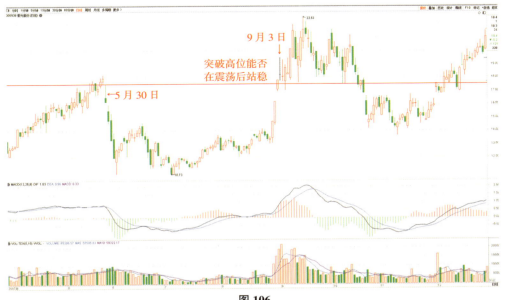

图 106

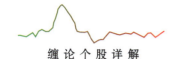

教你炒股票 79：分型的辅助操作与一些问题的再解答

（2007-09-10　22：37：13）

注意，顶分型结构后，不一定有底分型结构与顶分型结构非共用的 K 线，也就是不一定构成笔，但一般来说，如果顶分型后有效跌破 5 日线，那就没什么大戏了，就算不用搞个笔出来，也会用时间换空间，折腾好一阵子了。

000802，日线，2007 年 8 月 9 日，形成典型的顶分型结构，后面没有形成笔，但在 5 日线上下折腾了几下，使几条均线相交起来，才再次兴奋。

但如果未有效跌破 5 日线，那往往只是中继：

000938，2007 年 9 月 4 日构成顶分型，然后假突破 5 日线后继续上攻。

注意，利用顶分型进行操作时，必须配合小级别的图。本质上，分型都是某小级别的第一、第二买卖点成立后出现的。用卖点说，如果第二卖点后次级别跌破后不形成盘整背驰，那么调整的力度肯定大，如果时间延长，就搞出笔来了，特别是日线上的向下笔，都是较长时间的较大调整形成的，肯定要有效破 5 日线的，而第二卖点后次级别跌破形成盘整背驰，那么调整最多演化成更大级别的震荡，其力度有限，一般 5 日线不会被有效跌破。

利用上面的性质，实质上并不需要在顶分型全部形成后再操作，例如 000938，2007 年 9 月 4 日，不需要等到收盘，而在其冲高时，看到在前一天高位下形成小级别卖点，就坚决出掉，然后形成顶分型，等跌破 5 日线后，看是否出现小级别的盘整背驰，一旦出现，立刻回补，所以就有了 9 月 5 日的走势，这样，等于打了一个 10% 多的短差。

日线图如图 107、图 108 所示（不复权）。

9 月 3 日出现最高点，9 月 4 日早盘上冲，没能创新高，内部有个小级别卖点后调整，9 月 5 日跌破 5 日均线，但小级别里刚好形成一个盘整背驰，此时回补，就完成了一次短差操作，非常经典！

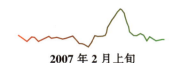
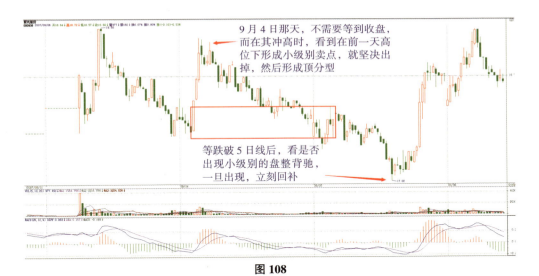

图 107

图 108

再看 9 月 4 日早盘的卖点，刚开始快速上冲，没有卖点，直到形成一个小箱体，后面跌破，然后反弹被箱体下沿压制，此时卖出最佳!，如图 109 所示。

再看 9 月 5 日的回补点，也就是 5 分钟盘整背驰的内部，在 1 分钟图里是出三卖后，不再新低，而且底部逐步抬高，这是三卖后转一买的实战案例。如果实战中不敢在三卖后不新低的位置买，也应该在第二次探底、底部继续抬高时介入，如图 110 所示。

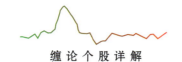

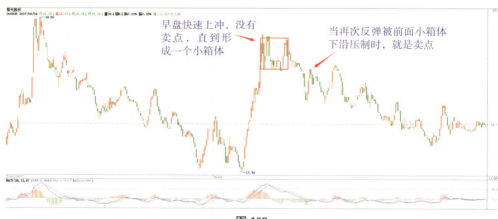

图 109

图 110

本 ID 理论的现场教科书演示

（2007-09-12　15：42：13）

个股方面，其节奏不一定和大盘一样，以本 ID 股票为例，600578、000099、000999 这些，昨天并没有任何构成日顶分型的迹象，而今天很快也破坏了形成日顶分型的可能，这是短线的强势股，一定要耐心等待日顶分型的出现。

而像 000938 这些，如果你用本 ID 的理论去操作，里面的短差机会对于散户来说简直好玩透了。请好好研究一下 000938 的图，看看昨天的顶分型多么标准，而今天 17.59 元的底背驰又是多么经典，力度比较请看 5 分钟图。这两者的差价有多少？

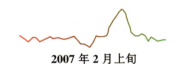
别看不起短线，看不起短线的，是因为你没这水平。当然，没这水平，就别太短线了，短线可需要战士够钢铁。

本 ID 的理论可不单单是短线的，各种级别都适合，关键是你能否真掌握了。

日线图（不复权）如图 111 所示，9 月 11 日出现了一个顶分型，12 日跌破 10 日线后立刻收回。

图 111

从小级别图（见图 112）里可以看到，9 月 11 日的高点刚好是一个第二类卖

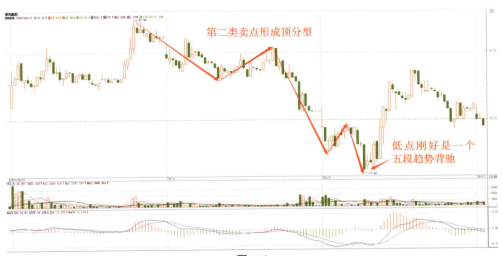

图 112

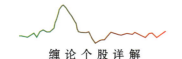

点，不能创新高，从而形成顶分型，9 月 12 日的低点，是一个标准的五段趋势背驰买点所构成的回补机会。11 日的卖点大约是 21 元，12 日的回补点大约是 18 元，一天 15% 左右的短差就做出来了！

资金乘胜追击，破圆顶兵临 3/4 线

（2007-09-28　15：51：59）

个股方面，没什么可说的，中字头、题材股，两只蝴蝶继续忽悠着飞。只要掌握好节奏，就是操作的天堂。如果不明白什么叫节奏，请各位做一作业：从日分型到小的级别走势，好好分析一下 000938，里面全部都是教科书。

教你炒股票 90：中阴阶段结束时间的辅助判断

（2007-12-03　22：33：08）

个股方面，000938 是一个经典的例子，9 月 14 日的第一类卖点，10 月 8 日的第二类卖点，太教科书了。

先看日线图（不复权），如图 113 所示。

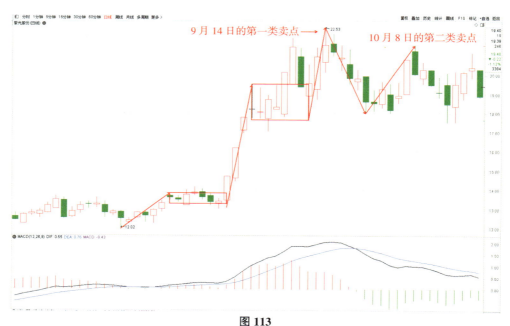

图 113

可以看到，从 12.02 元开始的走势，内部是个小趋势，9 月 14 日刚好是一个

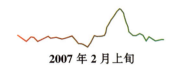

第一类卖点，后面 10 月 8 日是第二类卖点，在 30 分图中更清晰，如图 114 所示。

图 114

单看 9 月 14 日的第一类卖点，5 分钟图中可以看到，背驰段内部是个盘整背驰，如图 115 所示。

图 115

而 10 月 8 日的第二类卖点，在 5 分钟图上是一个标准的小转大！，如图 116 所示。

图 116

多头，有了冲动就要喊

（2008-01-04　15：12：12）

来本 ID 这里，关键是学东西。如果太计较自己有没有这只股票，是不是赚钱了，那你的水平永远不会提高。还是以本 ID 的股票为例，一只最令人深恶痛绝的股票：600636。你是否在里面赚钱并不重要，关键是你能否在这经典走势中学到点什么。看看这经典的走势：一个 ABC 的下跌，其中的 B 段在 120 天线受阻，然后大力挖井后回手在 120 天突破回试确认，接下来迅速回到井的上沿 13元附近，一个超完美的井。后面干什么？就是要确认这井的上沿能否站住，这都是最标准的走势。如果对这类的走势烂熟于胸，难道你还不能自如地应付类似的走势？

600078、000938 等是另一类型的走势，也是超经典的，请当成作业分析一下。

示意图（不复权）如下：

国新文化（600636）示意图如图 117 所示。

澄星股份（600078）示意图如图 118 所示。

紫光股份（000938）示意图如图 119 所示。

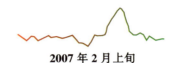

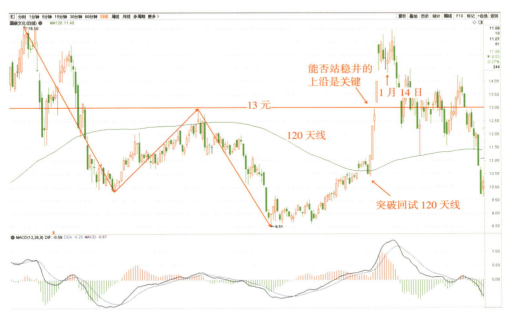

能否站稳井的
上沿是关键

1 月 14 日

13 元

120 天线

突破回试 120 天线

图 117

1 月 4 日

120 天线

图 118

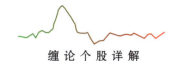

图 119

作业：600078、000938 是盘背后在 120 天线获得支撑，围绕 120 天线震荡站稳后再创新高。

如期反弹后的 4778 点压力

（2008-01-23　15：16：53）

你如果要学习，请好好看看诸如 600737、600635、000938、000802、600779、600195、000822、600636 等股票这几天震荡中每 1 分钟的图形，看看在震荡中是如何抽出比上涨还要多的血。

注意，本 ID 这里说的是学习，不是说股票本身。股票本身的图形是用钱画出来的，你不尊重图形，图形自然惩罚你。

我们就看 000938，2008 年 1 月 24 日出现了一个趋势背驰的第一类卖点，如图 120 所示。

图 120

　　缠师 1 月 23 日提到最近的震荡中可以抽到不少血，也就是说，第三个中枢构筑时，小级别内部肯定有不少买卖点出现，让我们来看看 5 分钟图，如图 121、图 122 所示。

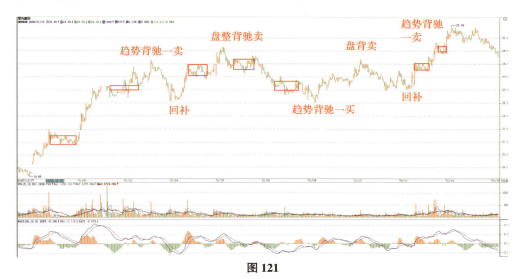

图 121

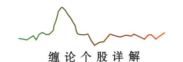

(扫码联系作者)

图 122

可以看到，在这个中枢构筑过程中，一共可以做 7 次短差操作，一直到最后出现大级别的第一类卖点，如果都能把握住，其利润一点都不比单边趋势差。

最终，在这波行情中，000938 走出了一个周线趋势背驰的走势！如图 123 所示。

图 123

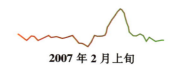
中国联通（600050）

［匿名］想飞　2006-12-06　14：18：02

LZ，请看 600050 的周线，2005 年 10 月 21 日周线与 2005 年 6 月 3 日周线构成背驰，其后的走势显示这是一个失败的第一类买点，对吗？

盼回答！

缠中说禅　2006-12-06　21：50：03

2005 年 10 月 21 日周线没创新低，都是 2.43 元，不是标准的背驰，所以不构成标准的第一类买点。

反而是该股在 2006 年 8 月 7 日的 2.19 元构成日线上标准的第一类买点，可以去分析一下。

周线图如图 124 所示。

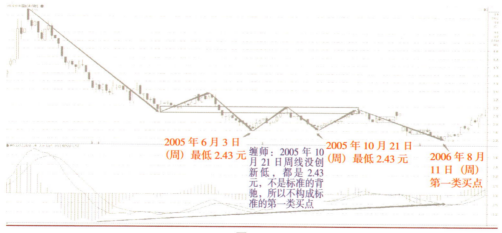

图 124

先看中国联通（600050）的周线图，可以看出，2004 年 2 月 6 日（周）至 2006 年 8 月 11 日（周）形成了盘整背驰走势；8 月 11 日（周）是标准第一类买点；2005 年 10 月 21 日周线没创新低，都是 2.43 元，不是标准的背驰，所以不构成标准的第一类买点。

该股在 2006 年 8 月 7 日的 2.19 元构成日线上标准的第一类买点，下面从日

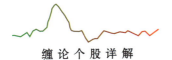

线图看周线背驰段内部的走势，如图125所示。

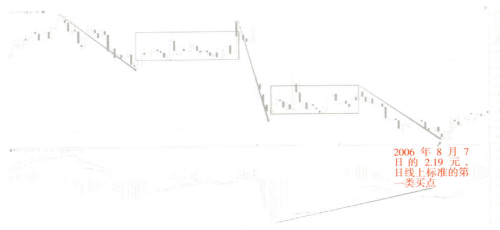

2006 年 8 月 7 日 的 2.19 元，日线上标准的第一类买点

图 125

在日线图上可清晰地看出趋势走势。

从30分钟图看背驰段内部走势，如图126所示。

图 126

可以看出背驰段内部是 ABC 式盘整背驰。

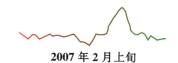
《〈论语〉详解：给所有曲解孔子的人（38）》文末回复内容

（2006－12－06　11：49：11）

［匿名］想飞　2006－12－06　14：18：02

LZ，请看 600050 的周线，2005 年 10 月 21 日周线与 2005 年 6 月 3 日周线构成背驰，其后的走势显示是一个失败的第一类买点，对吗？

盼回答！

缠中说禅　2006－12－06　21：44：03

该股在 30 分钟图上，11 月 14 日 13：30：2.68 元构成最近一个标准的短线（30 分钟图上的）第一类买点。

好好分析，如果按照本 ID 的原则，即使用 30 分钟图，该股也应该在 11 月 14 日 13：30 的 2.68 元出现后买入，到今天为止，该股在 30 分钟图上再也没出现第一类卖点，所以即使看 30 分钟图，也应该持有。

11 月 14 日是一个日线三买，如图 127 所示。

图 127

这个三买是由小级别的第一类买点构成的，在 30 分图里，是一个五笔下跌趋势，2.68 元是趋势背驰的位置，如图 128 所示。

这里的内部没有
中枢结构，所以
不构成一笔

图 128

11 月 14 日后到 12 月 6 日发文时，一直没有出现相应的卖点，如图 129 所示。

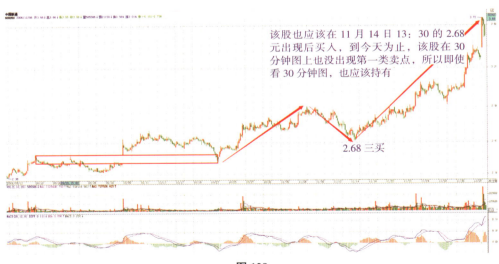

该股也应该在 11 月 14 日 13：30 的 2.68
元出现后买入，到今天为止，该股在 30
分钟图上也没出现第一类卖点，所以即使
看 30 分钟图，也应该持有

2.68 三买

图 129

直到 2007 年 1 月 4 日，该股构筑第二个日线中枢，然后在 2 月 27 日出现
背驰，如图 130 所示。

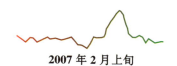
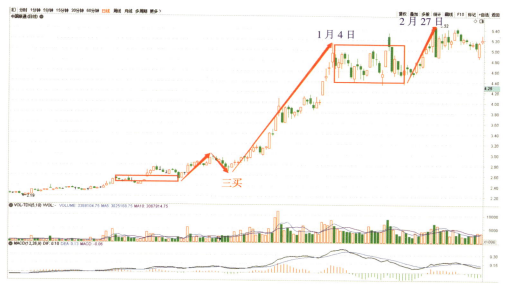

图 130

《陈建民〈小大乘修空及密乘大手印、大圆满、禅宗辨微〉之辨微（上）》文末回复内容

（2007−01−16　15：09：50）

[匿名] 淡定　2007−01−16　21：36：38

请教楼主两个问题：

（1）000001 在 1 月 11 日出了日线级别的第三类买点？

（2）600050 1 月 11 日出了第一类卖点，目前等第三类买点的出现，对吗？

多谢了！

缠中说禅　2007−01−16　21：56：38

还要抓紧学习，所有买点都肯定是调整时出现的，000001 在 1 月 11 日怎么会是第三类买点？发展现在的买点，基本都只能在 30 分钟以上才有了，除非出现大的调整。

注意，这样并不会丢掉任何一段有价值的行情，在行情的延伸段里，一个 30 分钟的买点到卖点所产生的利润，比日线启动初期要大多了。

600050 的 1 月 11 日不是第一类卖点。反而 4 日有一个 5 分钟背驰引发的小

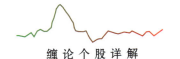

级别卖点。

联通的中线潜力是不小的，且不说什么3G，一个通信公司的海龟，就足以让其上8元。当然，短线整理一下也是应该的。

1月4日的高点刚好是一个小级别的趋势背驰，并且是一个趋势背驰的区间套，5分钟图如图131所示。

图 131

《教你炒股票29：转折的力度与级别》文末回复内容

（2007-02-09　15：08：08）

［匿名］stone　2007-02-09　15：17：50

LZ能不能分析下600050联通的走势？

缠中说禅　2007-02-09　16：01：08

短线当然都是二、三线的天下，联通要大幅启动，必须有新的刺激，否则会是一个中枢震荡。目前，中国移动的回归是其最大的支持。本ID之所以要逐步进入狙击它，有些私人的原因。本ID有些老熟人，与联通在历史上有很深的渊源，长期驻扎其中，大概有100亿元的资金吧，那是一年多前的数字，现在应该比这个多了。所谓老熟人，就是老对手了，前一段已经和他们玩过一回了，这次是和他们继续玩玩游戏，狙击一下吧，散户就算了。

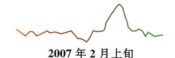
《论语》详解：给所有曲解孔子的人 (52)

(2007-02-12　15：13：58)

大盘一点意外都没有，三角形后就是再一波。2850 点上的压力已经早提醒了，本 ID 也很想把联通赶鸭子一样赶上 5 元，把大盘也赶上 3000 点让大家过个好年，但对手可不乐意，能否上 3000 点过年，还说不好。大家就看着吧，关键还是股票，其实 3000 点只是个心理问题。

个股没什么说的，自己找吃的吧，学那么多，不能白学。而本 ID 曾说过的，除一两只前期不跌又涨得太多需要洗盘的，其他都还可以，就看图练习。

陈建民《小大乘修空及密乘大手印、大圆满、禅宗辨微》之辨微 (中)

(2007-02-14　15：10：08)

让大盘春节有一个好收盘的活动继续，明天，对手会大力反扑的，因此明天能否扛住，是整个活动能否胜利的关键。说过的股票，大多数都创新高了，联通按本 ID 与各位的约定，基本也快到 5 元了，不过这玩意真费钱，今天只好对某只股票狠下杀手，兑现点钱出来花花，否则差点扛不住。今晚真想和里面长驻的老朋友好好谈谈心！

不说了，看明天吧，血战，快意恩仇！

教你炒股票 31：资金管理的最稳固基础

(2007-02-15　15：16：12)

一言既出、驷马难追。既然承诺大家春节前一定让联通上 5 元，大盘上 3000 点，就无论如何都要办到。

血战，快意恩仇，就这么简单了。该看到的大家都看到了，不能看到的也没必要说了。对于本 ID 曾说过的十多只股票，除了一些前期涨幅过大的，都创出新高了。当然，有些涨得快点，有些涨得慢点，但中线肯定都没问题。

不过，本 ID 在这里公布狙击的目标，确实让本 ID 在操作上增加了很大难度，这里对手的眼线肯定不少了，现在本 ID 说的股票，本 ID 不动好像就没人动了，这样不好，本 ID 又不是庄家，这样搞下去没意思了。所以，里面的庄家也别太偷懒，你们的年龄估计都比本 ID 大，自己看着办吧。

以市场老人的口吻教训一些这些懒人，市场是需要口碑的，吃点小亏，立个

金字牌子，有什么不好的。举一个本 ID 在 N 年前干过的最小的事情，把一只股票从 14 元，两周多点狙击上 25 元全出掉，时间也是春节前后，一分钱没花，靠的是什么？自己去想想吧。

明天，对手还有可能发难，所以，大家还需要努力。

［匿名］外科医生　2007-02-15　15：31：59

恭喜禅妹又战告捷。

为你担心呢。这样目标太大了呵。

5.03 元再次加仓联通。

缠中说禅　2007-02-15　15：40：33

联通现在没必要买，本 ID 说那天的第二天刚好有一个买点，那时候为什么不买。

注意，联通的压力大家都看到了，散户千万别买。

散户千万别买联通，否则后果自负。

除非你是以很中线的心态持有，能等到中国移动回归那一天，否则根本没必要买联通。

有本事拿几十亿股联通把本 ID 砸死！

（2007-02-26　15：50：13）

有本事拿几十亿股联通，把本 ID 砸死！

当本 ID 8 日说要狙击联通，让联通春节前上 5 元，让大盘上 3000 点，估计有人在窃喜，盘算着这次怎么搞死本 ID。结果，最后一天，看联通无法得手，尾市只好借泄露的消息偷袭，让大盘收在 2998 点，以为这样就能让本 ID 丢脸。这种小肚鸡肠，也只有无能的人能干出来。这种无聊的偷袭能改变什么？

本 ID 这次如此高调，并不是本 ID 有"裸奔"的爱好，而是这次的"战役"必须打，砸了锅也要打！

《〈论语〉详解：给所有曲解孔子的人（53）》文末回复内容

（2007-02-27　15：29：57）

［匿名］空杯　2007-02-27　16：19：47

给楼主提个建议：

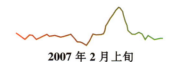
尽量不要将你的行动和情况在此博客里暴露得太多，以免被某些人找到你的真实行踪……

因此除了传道授业，实际的情况在此博客中出现越少越有安全。

……

可能是多虑了。

缠中说禅　2007-02-27　16：24：56

这无所谓的，这里有很多"敌人"，这本 ID 早就清楚。有些话，是故意说给这些人听的，就像今天联通，有人吃了哑巴亏，本 ID 既然敢明目张胆让他们砸，为什么本 ID 就不可以先砸，凭什么让他们在高位砸？要砸，低位来，不低，本 ID 可不回补。

如图 132 所示，缠师在 2 月 9 日开始，狙击了一把联通，中间还隔了一个春节，2 月 9 日周五开始狙击，隔一个周末，12 日周一大涨 5.05%，并且扬言要把联通赶上 5 元，14 日又涨了 3.38%，接近 5 元了，由于大盘股比较费钱，还卖了其他股票用来支持联通。15 日顺利站上 5 元。

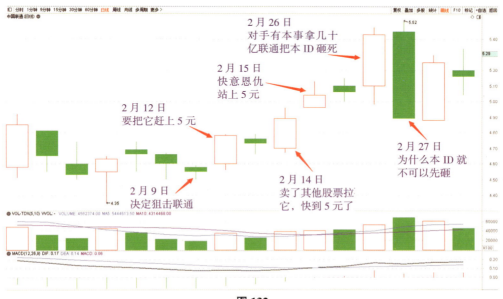

图 132

2 月 26 日是春节后第一天，拉了大阳线，涨幅 7.31%，很嚣张地说：有本事拿几十亿联通把本 ID 砸死。第二天 2 月 27 日，大盘当天暴跌了 8.84%，联通当天直接按跌停，说明当天缠师也没有硬抗。

联通从 1 月 4 日的调整以来，扩展出了周线中枢，直到 2007 年 6 月 5 日，才开始走出离开该周线中枢的走势，如图 133 所示。

图 133

离开该周线的日线走势，内部是个五段趋势背驰，并且其中第三段和第五段内部分别都是趋势，日线图如图 134 所示。

最终联通是小转大结束了这波周线级别的行情！如图 135 所示。

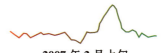

图 134

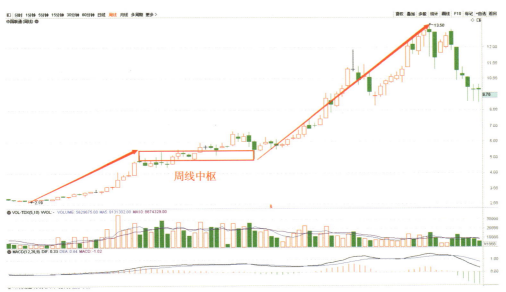

周线中枢

图 135

2007 年 2 月下旬

大众公用（600635）

有本事拿几十亿股联通把本 ID 砸死！

（2007－02－26　15：50：13）

有了联通后，大概本 ID 也不能再说什么具体的股票了，否则肯定要给抢乱套了。对今年的板块，去年底的时候已经明确说过，药是去年的酒，钢铁是去年的有色，有人当时还不相信，现在不知道见到没有？二、三线的小板块，一月下旬明确说了，农业、环保、军工、有色、公用，这些还会继续表现的。农业、环保，是中国政策必须倾斜的，最近这方面的政策越来越明确了。另外，有些特别的小板块，像 VC、深沪本地低价股，特别是深圳的，要充分注意。历史上，最大的黑马，特别在炒垃圾股时的最大黑马，经常出现在这里。

学了那么多，在这么小的范围内找一个合适的股票，各位应该可以胜任了。本 ID 如果还明确说一只出来，就害大家了，把本 ID 当股评看了，这样也太对不住本 ID 的课程了。

两只老虎　2007－05－08　15：46：15

我总是对股票产生不该有的留恋之情。该被神仙姐姐骂。

000999 几次手法都是开盘几乎或拉涨停，然后才调整。我总是不长记性！！！

VC 我只买了 000938，手中还有管子、隆平、山大。

缠中说禅　2007－05－08　15：53：30

VC 是 600635，5 元多的时候说的，他是中国最大 VC 20% 的股东。现在就算了，都涨那么多了，没必要了。

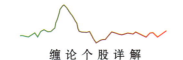

大众公用目前是深创投的第二大股东，拥有20%的股权，同时也是深创投的发起股东之一。

参考资料：剥离公交资产　大众交通逐步转投金融地产（2009年4月24日），http：//www.topcj.com/html/0/GSBD/20090424/1025621.shtml。

可以看到，缠师是在2007年2月26日第一次提到VC，这个VC股，后面缠师也明确了就是600635。当时该股刚突破底部一个大平台不久（见图136）。

图136

2月26日刚好是一个阶段高点，后面的回撤跌破6元，最低5.74元，而且这波回撤刚好是盘整背驰（见图137）。

全流通后最大的投资机会

（2007-06-10　08：40：52）

刚从安徽回到苏州，明天很忙，如果没有时间写评论，就在后天早上补上。注意，本ID这里指的最大机会是私人股权投资这一块，但一般人没机会参与，所以可关注中国最大VC（现在主要做私人股权）公司的股东（600635）以及其他有相关题材的公司。这题材，目前市场还不大了解，等市场了解了，就不是这个价格了。可以明确告诉各位，创业板明年一定出来。大众公用（600635）、潍

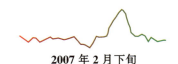

图 137

柴动力都是从中线角度说的，没必要追高买，如果是中线的资金，可以耐心等待好的买点。

600635 是本 ID 十几只股票里的 VC 股，说的时候，当然也是本 ID 大举介入的时候，5 元多点。为什么本 ID 当时要大力买入并让这里的人都去买？因为它是中国最大的 VC 企业 20% 的股东。知道全流通最大的投资机会是什么？就是 VC，更准确地说，是私人股权投资这一块。知道 600635 的 VC 企业对潍柴动力 2000 万元的投资，几年时间，现在已经快 100 倍的收益了吗？知道本 ID 为什么要为潍柴动力写一首诗？看看当时该股多少钱，现在多少，有受大盘影响吗？知道潍柴动力占有中国 5000 亿元重汽市场的多少份额吗？当然，本 ID 不是让你现在去买，当时写诗的时候，潍柴动力 60 元不到，不过，就算现在去买，站在中线的角度，绝对一点问题都没有，就怕你没有这个耐心。

缠中说禅　2007-06-10　21：57：02

刚从安徽回到苏州，明天很忙，如果没有时间写评论，就在后天早上补上。

注意，本 ID 这里指的最大机会是私人股权投资这一块，但一般人没机会参与，所以可以关注中国最大 VC（现在主要做私人股权）公司的股东（600635）以及其他有相关题材的公司。这题材，目前市场还不大了解，等市场了解了，就不是这个价格了。可以明确告诉各位，创业板明年一定出来。

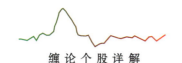

大公众用（600635）、潍柴动力都是从中线角度说的，没必要追高买，如果是中线的资金，可以耐心等待好的买点。当然，如果以前已经有的，就拿着。

今天跑了不少地方，本 ID 也累了，先下，再见。

［匿名］洗晕了的大道　2007-06-19　15：50：33

女王好，最近两天死抱安阳，发现这个股真垃圾啊，这两天常见到的万手买盘是您在点火吗？庄家真是强啊，这样也拉不起来，洗盘这么久不知道干净了没有。

另外，今天生物我拿到了涨停，谢谢女王。

缠中说缠　2007-06-19　15：50：33

那钢铁本 ID 前几天已经说了要改变剧本先让想走的人出来，你还以为本 ID 是说着玩的？本 ID 那 16 只股票，加上钢铁、000139、000338、000636，总共也就 20 只，找一个合适的买点应该不费劲，为什么不等到有买点再介入？000777、000416 如果不敢买，难道 600635 本 ID 还说得还不够清楚？上周初洗盘的时候，难道没机会买？

不说了，本 ID 下午和晚上还有事情，要去一趟西三环外某街道，先下，明早见。

6 月 10 日是周日，6 月 11 日开始构筑了一个小级别中枢，日线上看就是一次洗盘动作，然后一波冲到 6 月 20 日的高点，如图 138 所示。

图 138

在这次洗盘动作内部来看，也是个好的短差机会，5 分钟图如图 139 所示。

图 139

6 月 20 日见顶，这里也是一个日线级别的趋势背驰，如图 140 所示。

图 140

这波日线趋势走势，也是周线走势中力度最大的那波，最终该股在周线上走

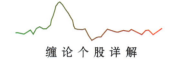

出了趋势背驰，在 2008 年 3 月见顶！如图 141 所示。

图 141

2007年3月上旬

北京旅游 （000802）

《教你炒股票33：走势的多义性》文末回复内容

（2007-03-02 15：20：37）

缠中说禅 2007-03-02 15：21：15

今天，军工意料之中的利好使打击"敌人"又多了一重利器，中信即将发行，使"敌人"对金融股的打压也不再肆无忌惮。目前的关键是心理面修复，通过震荡把不坚定分子洗干净。

大盘的技术走势，有了今天的课程，自己就可以分析了。如果看不明白，那还是5日线，两会结束是一个敏感时间，下周初是一个心理敏感时间。

个股没什么可说的，现在学得多了，就要自己去找股票，不要扎堆，虽然本ID不介意操作难度加大，但这样其实是害了大家。自己找的才最好吃，学的是方法。低价股里，像科技（包括3G）、旅游等历史上活跃的，都是找股票好的板块。但选股票一定要按技术找，找有第三类买点的，或至少是刚从第三类买点起来的。

估计现在000999没几个人有了，被抛下车的也不用伤心，许多人有数以千万计的筹码因为被赎回而丢失了。这简直是太令人高兴的事情，600343的情况也一样。

《教你炒股票38：走势类型连接的同级别分解》

（2007-03-21 15：23：21）

缠中说禅 2007-03-21 15：24：07

大盘走势没什么可说的，如果不会看的，就看好5日线，5日线不破，什么

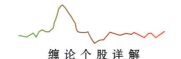

问题都没有。当然，对手还会发难的，对手特别喜欢周四发难，本 ID 很欢迎对手出手，最好把货都倒到 3000 点以下。

中行今天继续休息等 5 日线上来，这种大盘股票，不可能太远离 5 日线，毕竟金融股是对手的老巢。

个股没什么可说的，板块依然是那些板块，个股依然是那些个股。当然，除了那 14 只股票，联通、中行，本 ID 最近又独自去偷欢了几只，用本 ID 降成本的方法，最终的结果是钱越来越多，而筹码不见少，所以必须多看几个仓才能满足。具体就不说了，基本都是北京本地股，熟人多，消息也有保障。

缠师在 3 月 2 日提到低价旅游股，3 月 21 日提示是北京本地股，由此可以推断出是北京旅游（000802），缠师是在 3 月 2 日开始进，当时刚好处于一个日线三买不太远的位置（见图 142）。

图 142

买入后该股开始一波拉升，之后构筑第二个周线中枢。在周线上，该股最终走出了一个周线级别的趋势背驰（见图 143）。

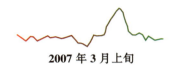

2007 年 3 月上旬

图 143

2007 年 3 月中旬

中国银行（601988）

教你炒股票 37：背驰的再分辨

（2007-03-16　11：51：32）

最近太忙，不能写太长了。补充两句关于大盘目前的走势，说实在的，现在如果要摆脱目前的中枢，没有金融股的配合基本是不可能的。但金融股由于某类人掌握得比较厉害，短线的攻击没问题，但一个持续的攻击，就有点困难了。不过金融股从中线角度看依然还是一大早的观点，以工行为例子，就是围绕 5 元上下的一个大级别震荡，要大跌，打压的人是要付出代价的。顺便说一句，中行里的对手实力小点，中行有奥运概念，业绩也较好一点，能否改造成一个反对手的武器，成为一个突破口，还需要很大的努力。其实这改造已经不是一天两天的事情，中行这几天连续比工行股价高了，这就是成绩。具体的细节就不说了，总之，斗争是残酷的，是复杂的，不能赤膊上阵，要用最充足的耐心去消耗对手的实力。

下午一收盘就要去开反对手利器出炉的最后一次会议，就来不了了。大盘走势，很简单，在第三类买点出现前，继续震荡，这种走势已经反复多次了，应该熟练应对了，所以没必要多说了。

神州自有中天日，万国衣冠舞九韶

（2007-03-19　08：52：42）

今天大盘走势，完全在设计之中。中行的启动，在周五已经提示。但与对手的战争，并不会因此而结束，更艰苦的斗争还在后面。3000 点并不会因为一天的

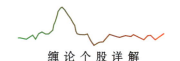

(扫码联系作者)

上攻而站稳。一个重要的问题是，如果还是以老思维或者对手思维统治市场，那么罗杰斯之流最近的怪叫你就愿意听还是不是愿意听呢。

这次大盘成份股的启动能否成功，其实取决于市场的每个参与者，火点起来了，但是否燎原，这不是本 ID 能决定的，市场是大家的，不是本 ID 一个人的。本 ID 已经干了所有该干的事情。当然，本 ID 只会根据当下的情况采取不同的手法，一定不会狂接硬撑。只要火真的燎原了，什么样对手都是白费的。

个股没什么说的，中国经济的大局有新的经济结构，所谓改变经济增长方式，因此站在中长线角度，前期一直强调的环保（特别强调过的新能源）、农业、军工、科技等板块都是值得中长线关注的，这是中国经济发展的新方向。

当然，短线决战在金融股，银行、保险等都是决战场所。显然，对手目前的实力还是很厉害的，本 ID 已经有了长期抗战的准备，越震荡，成本越低，没什么大不了的。不过，一旦有机会突破，是不会放过的。大盘具体走势，按照中枢自己可以分析，本 ID 要先下，还有会议在后面。

3 月 16 日提到中行时正处于日线中枢的上沿附近，但还没突破。16 日是周五，19 日是周一，周一立刻来了一根大阳线，直接突破了中枢（见图 144）。

图 144

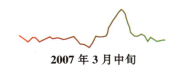

　　缠师讲的改造，其实是让中行从底部走出一个上升通道，并且还搞了一个 30 分钟的三买出来（见图 145）。

图 145

教你炒股票 38：走势类型连接的同级别分解

（2007－03－21　15：23：21）

　　大盘走势没什么可说的，如果不会看的，就看好 5 日线，5 日线不破，什么问题都没有。当然，对手还会发难的，而且特别喜欢周四发难，本 ID 很欢迎对手出手，对手最好把货都倒到 3000 点以下。

　　中行今天继续休息等 5 日线上来，这种大盘股票，不可能太远离 5 日线，毕竟金融股是对手的老巢。

　　个股没什么可说的，板块依然是那些板块，个股依然是那些个股。当然，除了那 14 只股票，联通、中行，本 ID 最近又独自去偷欢了几只，用本 ID 降成本的方法，最终的结果就是钱越来越多，而筹码不见少，所以必须多看几个仓才能满足。具体就不说了，基本都是北京本地股，熟人多，消息也有保障。

　　那 14 只个股，元旦前后的前 8 只，都基本翻倍了，有些已经开始向翻两倍进军，其他的也会跟上来的，关键是你能否按本 ID 的建议，持有并用部分打短差，如果能，那你的成本应该不断降，这样就永远不败了。

周四、周五，血战少不了，就看对手如何出手了，本 ID 继续等着，大不了再震荡一次，本 ID 陪着对手玩 20 年，一直玩上 30000 点，时间多得是，本 ID 不急。

《〈论语〉详解：给所有曲解孔子的人（59）》文末回复内容

（2007-03-22　15：28：36）

［匿名］酒吧心情　2007-03-22　15：46：10

JJ 的这句话说到我心里去了。

今天的状况就是这样，太激进了，很容易被偷袭。

我觉得还是学学毛主席，农村包围城市，抗日抗了 8 年，解放用了 3 年。

难道股市不能多等几天？

希望 JJ 给予点评……

缠中说禅　2007-03-22　16：16：59

不过，现在有些多头太冒进、太急功近利，并不是什么好事。

本 ID 现在的能力只能管好自己的地盘，像中行近几天一直不动，其实是对大盘最大的贡献，就算对手敢在这个位置开始对中行发难，下去的空间能有多少？毕竟中行有业绩增长、奥运等特别支持。现在关键是稳定人心，绝大多数的人都怕假突破，这就是对手的机会，所以一定不能急，不过，市场不是本 ID 一个人的，有些人的钱，来路不明，急着挣一把就跑，这种人需要市场好好给点教训。

教你炒股票 39：同级别分解再研究

（2007-03-23　15：16：51）

今天大盘没什么可说的，周四、周五的血战已经在周三提前预告。今天中行主动示弱，不让对手有借利好出货的机会，为大盘以后的发展留下很大的余地。不过对手不会因为这两天的折腾而死心，那两个高点的连线依然在上面，没有效突破前，依然会人心浮动，对手依然会随时发难，所以耐心是最重要的，而震荡是稳定人心的最好办法。

个股方面，具体的不能说了，免得对手有口实，最近打小报告的人特多，而这又是对手的强项。反正前面说的那 5 个板块，加上最近说的旅游、科技类的股

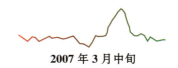

票都会陆续表现的。瓜田李下，本 ID 就不多说了，说的都是梦话，如此而已。

缠师在 21 日提示中行需要休息，暗示周四、周五（22~23 日）对手会发难砸中行，这两天也确实如缠师所预料，的确出现了调整。并且缠师明确指出，中行不宜上攻过激，主要有两方面原因：

（1）大盘股很难出现连续拉升的局面，银行已经在 2006 年 12 月拉一波了，这时候不太可能再出现类似的行情，因为银行里面的人较多，容纳的资金量也非常大，连续上攻很容易被其他人砸。

（2）在技术上，当时也刚好处于上升通道的上沿，技术上需要调整再上攻突破（见图 146）。

图 146

《〈论语〉详解：给所有曲解孔子的人（63）》文末回复内容

（2007-04-11　15：36：09）

缠中说禅　2007-04-11　15：38：12

前两天经常说中石化，就如同过年前经常说联通，后面经常说中行一般，由此，这剧本的有趣地方，应该有点感觉了。很多对手原来要打压工行吗？那他们现在能对工行干点什么呢？把工行打压下 5 元？拉起来？现在中行已经成龙头了，看看两者的差价。其实，现在大盘的走势，就是一个现场直播，就那几只大

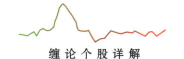

盘股票，对指数起着关键作用，如何应用，什么时候用什么，大家应该好好体会，从过年前开始，慢慢体会，这样能学到点东西。

至于大盘，没什么可说的，测顶的人最无耻，按他们的预测，他们早就尸骨无存了，还好意思出来晃？顶是做出来的，而不是测出来的，连这个最简单的道理都不懂？还是那句话，看不明白的就看 5 日线，技术好的，可以充分利用震荡先卖后买打短差、换股，但绝对不能追高。现在能打住大盘的，只能是管理层的大棒，否则，大盘将继续走到资金与筹码的能量平衡位置才能停下来休整，而这个位置是不可预测的，是干出来的。心态不好、心脏不好的，就半仓，这样出现什么情况都好办了。

个股就不说了，反正都是以前说的，现在是瓜田李下，只做不说。

4 月 11 日，刚好是 30 分三买后次级别趋势的背驰，这个次级别趋势的第二个中枢刚好是对突破通道上轨后的回踩确认，然后出现背驰，如图 147 所示。背驰后跌回到通道下沿获得支持，然后形成第二个 30 分中枢，最后再次突破通道上轨形成 30 分级别的趋势背驰，非常经典，非常技术！

图 147

中行这波 30 分钟趋势从 2 月 6 日开始，5 月 10 日结束，同期的大盘如图 148 所示。

图 148

　　可以看到，在大盘做日线中枢的第一个下时，中行已经见底了，中行这波 30 分钟趋势，刚好是大盘构筑日线中枢并且最终离开该中枢的过程，缠师于 3 月 14 日开始讲中行，主要目的是通过中行能把大盘带出中枢，带出来之后，也就完成了使命，所以 4 月 11 日后，缠师不再讲中行了。

2007 年 3 月下旬

华菱星马（600375）

《教你炒股票38：走势类型连接的同级别分解》文末回复内容
（2007-03-21　15：23：21）

缠中说禅　2007-03-21　15：24：07

大盘走势没什么可说的，如果不会看的，就看好 5 日线，5 日线不破，什么问题都没有。当然，对手还是会发难的，而且特别喜欢周四发难，本 ID 很欢迎对手出手，最好就把货都倒到 3000 点以下。

中行今天继续休息等 5 日线上来，这种大盘股票，不可能太远离 5 日线，毕竟金融股是对手的老巢。

个股没什么可说的，板块依然是那些板块，个股依然是那些个股。当然，除了那 14 只股票，联通、中行，本 ID 最近又独自去偷欢了几只，用本 ID 降成本的方法，最终的结果是钱越来越多，而筹码不见少，所以必须多看几个仓才能满足。具体就不说了，基本都是北京本地股，熟人多，消息也有保障。

[匿名]漂泊　2007-03-21　15：44：15

禅主，今年的电力蓝筹股怎么还不见启动啊？是不是金融股后才是电力啊。

缠中说禅　2007-03-21　15：50：15

电力是另一波人在搞，本 ID 去年负责喝酒，今年负责吃药，顺便再为以后储藏点环保、军工、农业、旅游、科技之类的，电力、汽车这些，本 ID 可顾不过来，国家又不资助本 ID 的，不可能把所有板块都搞了。

其中提到的汽车就是 600375，此时刚好有 2~3 天温和放量，据此推测缠师介

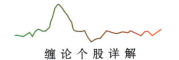

入的时间点大约就是在这个位置附近（见图 149）。

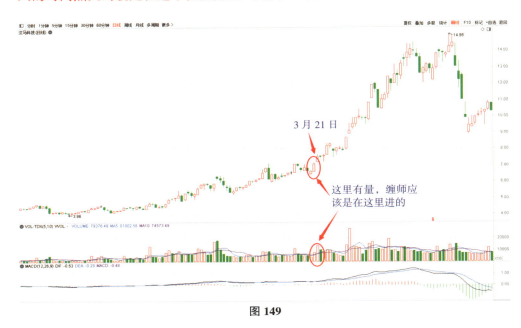

图 149

仔细看这个位置，在 30 分钟里，其实刚好是一个三买，也就是说缠师下手的位置是一个日线三买，价位大概在 7 元附近（见图 150）。

图 150

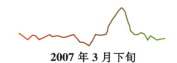

《顶住明天，第四拨人才可能解脱》文末回复内容

（2007-08-09　16：04：24）

［匿名］执迷不悟　2007-08-09　16：34：46

"至于那只比三一成本低很多的股票，也从 7 元跑到 10 元了，这只股票基本面有不确定的地方，高了就别追了，对这股票，本 ID 的信心可不大，只是如打家劫舍的，劫他一票而已。"

老大提及此股票以来，大盘的涨幅超过 30% 了，看看 600375 多少，两市一半的股票都超过它了，真想直接去给老大说说"省省吧，还是多讲点技术好，个股就不要提了——搞的俺们小散每天为此东奔西走的，而且亏的比例还多"。

缠中说禅　2007-08-09　16：43：28

看来你不知道什么是基本面，那些分析不出来的，必须通过中国特色的程序的，才是基本面。600375 从 7 元到 10.5 元，一个月不到 50%，应该休息一下，这是技术面。至于基本面，到时自然知道。

值得鼓掌的下跌

（2007-09-07　15：29：09）

本 ID 说过的股票，还是要负责到底。600375，在 7 元时说过，本 ID 也是那时候进去的，当时的理由已经告诉各位，就是他有新产品，比三一的成本低多了，这是本 ID 派人实地考察过的，派出的人回来报告说，他连刚进口回来的钢板都亲手摸过了。但这公司，本 ID 对他信心不大足，就是其关联交易问题。而且很重要的，其一个超大关联公司，由于更多私人利益在里面，实际上接着600375 发展起来的。这东西如果按正常直接装到 600375 里，600375 早该站 50 元了，但这样搞古怪，这种公司，本 ID 确实信心不足。

周底分型构成待确立

（2007-12-14　15：48：40）

600375 这只股票震荡也不小，主要问题是公司治理，如果这个问题解决了，这只股票不会比三一差，现在只能耐心等待问题的解决。

从上面这几段话可以看出，缠师对这只股票的基本面核心逻辑非常清楚，而且这些信息是普通散户根本接触不到的，所以基本面方面复制不了缠师的资源和

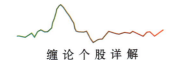

能力，普通散户唯一能复制的就是技术面。比如该股最终在日线上走了一个日线级别趋势，并以背驰结束，这个大顶是可以用技术抓到的（见图151）。

图 151

上实医药（600607）

《捍卫马克思6：货币与资本主义社会的三种幻影》文末回复内容

（2007-03-29　12：39：50）

［匿名］新浪网友　2007-03-29　21：58：43

000999 还有希望吗？

缠中说禅　2007-03-29　22：11：51

000999 是某基金在出货，该基金在几元时拿了5000万股，11 元上下被赎回，出了 2000万股，然后这次想出清，换 600607，该股票也是该基金的重仓股票。本ID 从来都是顺势而为，别人砸，想让本 ID 接，门都没有，你想出，可以，低出吧。

受传销蛊惑的，绞肉机最好的货！

（2007-05-17　15：27：16）

回到北京，还是不错的。今天还有不错的，就是看到还有人一直拥有

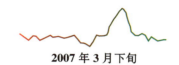
600607，13 元上下到现在，一个来月，其实没什么厉害的，最厉害的，这是对手的船，本 ID 比较高兴的是能让这里的人一起乘乘对手船、抽抽对手血，这种感觉和那 16 只股票是不一样的。

600607 股票，本 ID 称其是对手股，要吸其血。后来 24 元上说走人，但中线还要折腾。

股市里不动脑子只有死路一条

（2007-06-22　08：30：44）

至于 16 只股票外 3~4 月以后说的股票，一只是 600607，当时说是抽点对手血，价位是 13 元，后来翻倍后砸出部分让成本变为零，这在当天也顺口提醒过了。

缠师是在 3 月 29 日提到该股的，当时价格在 13 元附近，一个多月后，5 月 9 日该股停牌，5 月 16 日出定增重组公告并复牌，当天和 17 日连续两天一字板，18 日也涨停，并站上 24 元。缠师经常说当一只股票翻倍的时候，最好卖一半，先把成本降成零，买入时是在 13 元附近，中途做一点短差的话，成本大约就是 12 元，所以会建议 24 元上卖（见图 152）。

图 152

从走势上看，该股从 2006 年 8 月以来，在底部构成一个周线中枢，在 2007

年 5 月构成一个日线中枢，最终以小转大结束了该周线上涨走势（见图 153）。

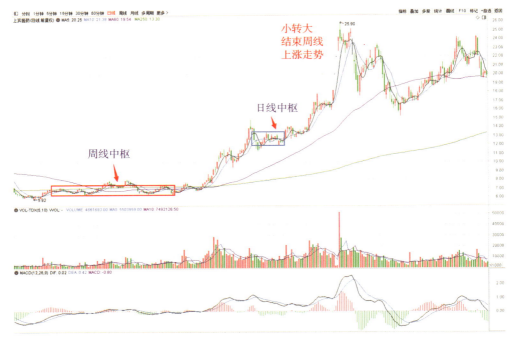

图 153

2007 年 5 月下旬

安阳钢铁 （600569）

加息，中国经济不能承受之轻

（2007-05-21　08：43：51）

在这种震荡中，充分利用本 ID 的理论操作，是一个最好的选择。当然，如果你技术不过关，那就看 5 周均线，甚至 10 周均线，从去年 8 月以来，后者从未被跌破过，这足够在各种大震荡中心减震了。对于短线，看不明白、用不好本 ID 理论的，可以看 5 日均线，这两天关键看 5 日上到 10 日均线之上。个股方面没什么可说的，还是那句话，大盘震荡，有些股票反而会大幅上涨，前面说的这句话依然有效。具体板块，本 ID 去年底说的医药，今年最牛的几只股票里，002019、000416 等，显然都是这个板块的；还有钢铁，最近可以关注有关中小公司整体上市的，具体的本 ID 知道，但不好说出来，免得被监管，其中有一地方本 ID 好像曾冲动过。至于军工、公用等，都会继续表现的，你看本 ID16 只股票里相应的都知道了。还有是上月反复强调的、故意亏损的那些，例如本 ID 就知道某只股票故意亏损还星号 ST、代码还是等比数列的，其实后面就有两个铜矿装进去，这种把戏，如果有可能就去挖掘。

算了，绝对不说具体股票了。而且大家也不能养成听消息的习惯，最终解决问题的，还是要技术过关。

《论语》详解：给所有曲解孔子的人 （66）

（2007-06-13　08：22：58）

今天，那关住的钢铁出来了，这只股票，这里很多人是停牌前一天 9 元多点

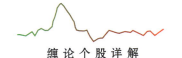

买的，至少让各位少了被震荡的痛苦，逃过一次大跌，如果今天早上反应快的，还能有10%以上的收益。本来，如果没这次大跌，这只股票肯定是要连续涨停的，现在只能先清洗一下，让需要用钱的先出来，这也是市场操作中经常要面对的事情，剧本，偶尔也要修改一下的。至于后面的走势，看好技术图形就不难发现了。

股市里不动脑子只有死路一条

（2007-06-22　08：30：44）

各位请注意，本ID昨天说的股票只是举例子，有些盘子太小的股票，如本ID就在摆弄着一只和锌锗内容一样的股票，但盘子确实太小，根本就没法说，一说就乱。现在不是2000点了，任何股票都要首先注意风险，必须按照大级别的买点进入。盘子小的，不能乱买，否则盘子就乱，就要洗。各位最好按思路买股票，最好继续持有原来已经获利丰厚而依然有大潜力的股票，这样可以减少震荡的风险，否则一窝蜂地去换股票，那就乱套了。

还有一只是600569，也是5月21日说的，22日就停牌，本ID是21日、22日两天买的，不过这只股票有点背，本来要大涨的，结果停牌碰上530大跌，所以本ID在6月13日复牌那天明确说："今天，那关住的钢铁出来，这只股票，这里很多人是停牌前一天9元多点买的，至少让各位少了被震荡的痛苦，逃过一次大跌，如果今天早上反应快的，还能有10%以上的收益。本来，如果没这次大跌，这只股票肯定是要连续涨停的，现在只能先清洗一下，让需要用钱的先出来，这也是市场操作中经常要面对的事情，剧本，偶尔也要修改一下的。至于后面的走势，看好技术图形就不难发现了。"如果你在6月13日后还追高买入而不是等待买点再说，那本ID严重怀疑你是"孔男人的嫡传弟子"。至于本ID自己，去看看60分钟图，这么大一个顶背驰，本ID会麻木不仁吗？对于有大卖点的股票，最大的仁慈就是砸死他，先卖后买，注意节奏，这样成本才能降低，否则成本怎么去变成零？至于600636，本ID也正在慢慢建仓中。

缠师在5月21日提到了钢铁股，6月22日明确了这只股票是600569，当时该股已经从2元多涨到了8~9元，缠师搞它的主要原因是其有整体上市的消息，缠师赶在停牌前两天买入，刚买两天就停牌了（见图154）。

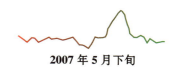
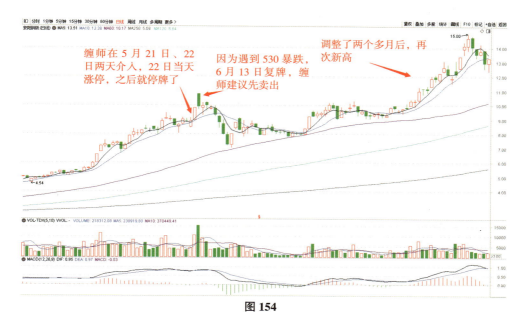

图 154

　　由于停牌期间遭遇了 530 暴跌，所以 6 月 13 日复牌后，肯定要补跌，那么在复牌当天就建议先出来，并且 60 分钟上，也刚好有了盘整背驰，那自然是先卖了再说（见图 155）。

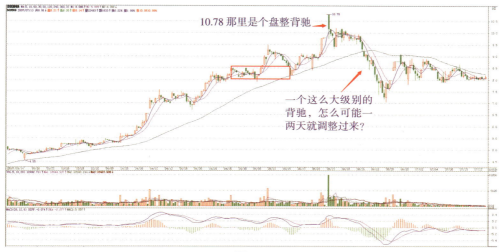

图 155

［匿名］新浪网友　　2007-09-10　16：09：40

老师节日好！请教一下安阳钢铁（600569）后期走势如何，可否继续持有！！！谢谢！

缠中说禅　　2007-09-10　16：14：49

600569 这种规模的，最终的命运就是被收购，短线只能跟着大盘走了。

［匿名］新浪网友　　2007-09-10　16：57：17

看样子 600569 已经被缠师给淘汰了，没有价值了，还是跑吧。

缠中说禅　　2007-09-10　17：10：26

看看 600569 周五的日分型。本 ID 所有介入的股票都不会走的，但一定会用震荡降低成本到零后继续增加筹码。

注意，对于散户，根本没必须长期持有一只股票，那是大资金没办法的办法。如果市场能让本 ID 这样的资金短线都能杀进杀出，那本 ID 也不这样玩了，事实上不可能。

所以，对于散户，如果通道畅通的，最快的方法是用第三类买点去操作，杀完一只继续一只，不断干下去，不参与任何的中枢震荡，只搞最强势的。

这才是散户该干的事情。

当然，如果你没这技术，那就别玩高难度的，就玩简单的，把操作级别弄大点。中枢震荡玩不了，就看 5 日、5 周线，持有到背驰卖点，然后坚决走人，等待新的买点。

由于 600569 的股本小，钢铁是成熟性行业，最终都会走向寡头垄断，那么小钢厂的命运就是被兼并，虽然它到现在还没被收购，但这是趋势，未来大概率也会像武钢股份一样被兼并。

9 月 10 日当天是下跌，而前一天刚好在日线上构成顶分型（见图 156）。

我们可以看一下当时的 5 分钟图，顶分型高点是 6 日上午出现的，然后进入回落，下午有个反弹但没新高，第二天开盘先向下冲，跌破 6 日的低点，然后震荡反弹，此时要密切注意反弹高点能否创新高，一旦不能，就会形成顶分型，结果反弹高点连 6 日下午的反弹高点都不及，这就是高点逐步下移，此时可以短差出来了（见图 157）。

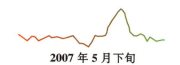

顶分型

9 月 10 日

图 156

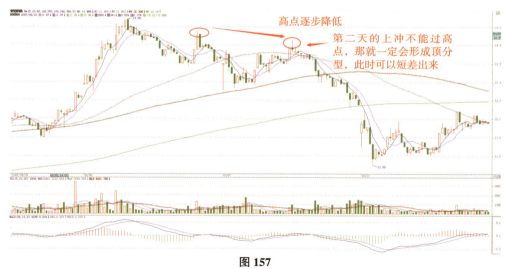

高点逐步降低

第二天的上冲不能过高点，那就一定会形成顶分型，此时可以短差出来

图 157

资金向政策发起新一轮挑衅

（2007-09-17　15：46：13）

个股方面，中字头的继续逞强，最近开始吹中字头的人越来越多，本 ID 在 3600 点开始说，现在就不说了。当然，中字头是本 ID 组合的一只翅膀，海枯石烂去了。

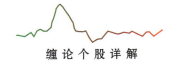

　　本 ID 的事情，都是尽量善始善终的。600569 这只股票，当时 9 元说 5 个涨停，这倒霉孩子，碰上 530，剧本只能变，这次从 7 元开始发力，折腾下来，也达到原来剧本的承诺了。后面当然还有剧本，但本 ID 已不欠任何人的话了。

　　9 元的 5 个涨停，大约是 14 元多，9 月 17 日当天 600569 达到了 15 元的位置，缠师说兑现了承诺，暗示该股到顶部了（见图 158）。

图 158

　　9 月 10~17 日这波走势内部，在 5 分钟图中刚好是一个趋势背驰，如图 159 所示。

图 159

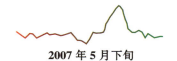

西部资源 （600139）

加息，中国经济不能承受之轻

（2007−05−21　08：43：51）

个股方面没什么可说的，还是那句话，大盘震荡，有些股票反而会大幅上涨，前面说的这句话依然有效。具体板块，本 ID 去年底说的医药，今年最牛的几只股票里，002019、000416 等，显然都是这个板块的；还有钢铁，最近可以关注有关中小公司整体上市的。至于军工、公用等都会继续表现的，你看本 ID16 只股票里相应的都知道了。还有就是上月反复强调的故意亏损的那些，例如本 ID 就知道某只股票故意亏损还星号 ST、代码还是等比数列的，其实后面就有两个铜矿装进去，这种把戏，如果有可能就去挖掘。

算了，本 ID 绝对不说具体股票了。而且大家也不能养成听消息的习惯，最终解决问题的，还是要技术过关。

《〈论语〉详解：给所有曲解孔子的人（65）》文末回复内容

（2007−05−22　08：48：56）

缠中说禅　2007−05−22　08：49：55

各位请注意，本 ID 昨天说的股票只是举例子，有些盘子太小，例如本 ID 就在摆弄着一只和锌锗内容一样的股票，但盘子确实太小，根本就没法说，一说就乱。现在不是 2000 点了，任何股票都要首先注意风险，必须按照大级别的买点进入。盘子小的，不能乱买，否则盘子就乱，就要洗。各位最好是按思路去买股票，最好继续持有原来已经获利丰厚而依然有大潜力的股票，这样可以减少震荡的风险，否则一窝蜂地去换股票，那就乱套了。

注意，来这里是学技术的，有技术，操作什么股票都可以，没必要养成听消息的坏习惯。如果说消息，本 ID 这里绝对是全中国最大的消息集散地，但本 ID 不愿意说，就是怕害了各位，养成坏习惯。

股市里不动脑子只有死路一条

（2007−06−22　08：30：44）

至于 16 只股票外 3~4 月以后说的股票，一只是 600607，当时说是抽点对手

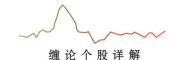

血，价位是 13 元，后来翻倍砸出部分让成本变为零，这在当天也顺口提醒过了；000338，写诗那天是 5 月 15 日，本 ID 是写完诗后第二天开始进去的，看图形就知道；600139，这只股票说的第二天一大早，专门上来说这只股票盘子太小，不能乱买，本 ID 当然也没乱买，可以看看当时本 ID 说的话，请问够清楚没有？

600139 当时叫 ST 绵高，代码是等比数列 600139，当时有装铜矿的消息。

参考资料：*ST 绵高：成渝新特区热点+铜矿资源股（2007 年 6 月 13 日），http：//futures.money.hexun.com/2286527.shtml；ST 绵高：重组转型为铜矿开采获批（2008 年 10 月 7 日），http：//insurance.hexun.com/2008-10-07/109527904.html。

当时缠师说到它两天连续涨停，但由于盘子小，还是 ST，缠师并不建议无脑买，后面很快遇到了 530 暴跌，如果无脑追，后面的暴跌很难逃过（见图 160）。

图 160

来自大洋彼岸的暗算

（2007-08-17　15：58：48）

个股方面，一线成份股，将跟随外围，一旦外围走稳，将引发大反弹。二、

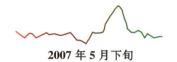
三线股，关键是看这次资金的流入情况，但无论如何，个股行情将再次活跃。

最后问一句，600139，以前对它仇恨无比的，现在是什么心情？5 月 28 日至 7 月 6 日，就一个月的洗盘都受不住，那还玩什么？不过，这也没什么，好像这里没说过的 600594。本 ID 文化界有一个熟人，6 月时在 11~12 元买了一些，明确告诉至少要翻倍。前两天，碰到他时说在 10 元砍掉了，因为听别人说，这公司要破产。本 ID 只能很有礼貌地无话可说了。

两年最大涨幅拉开泡沫化生存大幕

（2007-08-20　15：48：47）

另外，周五以 600139、600594 为例子，只是说明持股的重要，如果没有做短线的本事，也没有持股的耐心，怎么可能长期战胜资本市场？

资金分歧日益严重的面子与里子

（2007-08-27　16：15：38）

个股方面，有些人相当奇怪。竟然可以有这样的逻辑，例如对于 600139，他们意思是，如果不被洗干净，就不会有今天了，所以是本 ID 在犯坏，要把他们都给洗出去。然后这些人又在开始唠叨什么什么怎么还不怎样怎样，这些人，最该干的事情就是拿豆腐撞头去。知道本 ID 课程里对以前已经有的技术分析系统只说了均线系统吗？知道本 ID 在课程里说过，没有相交就没有冲高之类的话吗？均线系统没有黏合之前，怎么可能有单边的拉升？600139 这种典型的 a+A+b 调整后，然后一路高涨的走势，难道本 ID 在课程里没说过？

可以看到，530 暴跌后，该股最终在 2007 年 7 月 6 日见底，刚好是一个盘整背驰。然后在 8 月初出现了从底部而来的第一个均线相交，该相交线的位置刚好是上波调整的中枢上沿附近，实际上这个相交就是突破中枢后的回踩确认，之后开始迅速拉升（见图 161）。

教你炒股票 79：分型的辅助操作与一些问题的再解答

（2007-09-10　22：37：13）

最后说说如何利用分型进行一些辅助判断的问题。一般，都至少用日线以上 K 线图上的分型，当然，如果你不觉得麻烦，30 分钟也是可以的。但那些变动太快的，准确率就要有问题了。

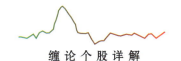

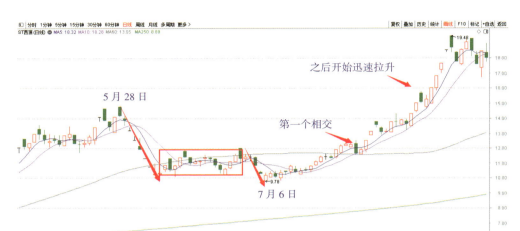

图 161

本 ID 也不避嫌疑，就以本 ID 持有的股票为例子：

000778：2007 年 8 月 27 日，高开后，没有突破前一天高位，构成典型的顶分型走势。

600139：看周线，9 月 7 日这周高开后，没有突破前一周高位，形成典型的顶分型走势。

600737：看日线，这属于复杂的、有所谓的包含关系。2007 年 9 月 4~6 日，是典型的包含关系，然后 7 日这天，破坏包含关系，并没有创 14.28 元新高，典型的顶分型结构。

注意：顶分型结构后不一定有底分型结构与顶分型结构非共用的 K 线，也就是不一定构成笔，但一般来说，如果顶分型后有效跌破 5 日线，那就没什么大戏了，就算不用搞个笔出来，也会用时间换空间，折腾好一阵子。

顶分型确立显威力

（2007-12-14　00：49：00）

个股方面继续说原来说过的。注意，已经反复强调，这些股票并不是让各位现在还去买，因为买与不买关键是看有没有买点，有多大级别的买点，没有买点去买，那是有毛病。本 ID 点评这些股票，只是从长线的角度说，别糊涂了。

600139：这只股票叫等比，当时的闹剧估计很多人还记得。你可以叫它妖

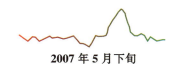
股，但妖总有妖的理由，关键你是否是好的猎手。这世界上，很难找到 9 元多快速上涨到 24 元又快速跌到 12 元的股票了，这才是最好的股票，为什么？震荡够大，差价够狠。没这技术的，请远离。

最终，该股在 2007 年 10 月 11 日见顶，最高点是 24.6 元，而缠师介入的时候大约 12~14 元，基本翻倍，在周线上可以看出，该股突破周线中枢后，走了一个五段趋势，最终以小转大结束了周线级别的上涨行情！如图 162 所示。

图 162

潍柴动力 （000338）

偶见湘火炬广告牌，口占五绝。

（2007-05-15　15：14：19）

刚从安徽回到苏州，明天很忙，如果没有时间写评论，就在后天早上补上。注意，本 ID 这里指的最大机会是私人股权投资这一块，但一般人没机会参与，所以可以关注中国最大 VC（现在主要做私人股权）公司的股东（600635）以及其他有相关题材的公司。这题材，目前市场还不大了解，等市场了解了，就不是这个价格了。可以明确告诉各位，创业板明年一定出来。600635、潍柴动力都是从中线角度说的，没必要追高买，如果是中线的资金，可以耐心等待好的买点。

当然，如果以前已经有的，就拿着。今天跑了不少地方，本 ID 也累了，先下，再见。

昨晚已到苏州，等一下要去安徽，去看一个准备私人股权投资的项目，N1 千万元，占 10%，好像有点贵。明天可能还要回杭州，这几天看了不少企业，看到真正的企业，就知道中国的资本市场有多大的潜力，就知道本 ID 说 20 年的大牛市至少上 30000 点可能都有点保守了。

600635 是本 ID 那十几只股里的 VC 股，说的时候，当然也是本 ID 大举介入的时候，是 5 元多点。为什么本 ID 当时要大力买入并让这里的人都去买？因为他是中国最大的 VC 企业 20% 的股东。知道全流通最大的投资机会是什么？就是 VC，更准确地说，是私人股权投资这一块。知道 600635 的 VC 企业对潍柴动力 2000 万元的投资，几年时间，现在已经快 100 倍的收益了吗？知道本 ID 为什么要为潍柴动力写一首诗？看看当时该股多少钱，现在多少，有受大盘影响吗？知道潍柴动力占有中国 5000 亿元重汽市场的多少份额吗？当然，本 ID 不是让你现在去买，当时写诗的时候，潍柴动力 60 元不到，不过，就算现在去买，站在中线的角度，绝对一点问题都没有，但就怕你没有这个耐心。就像本 ID 4 月前后让各位注意 002100 后的 6000 万元总盘，2000 万元以下流通的中小板，看看后来都走成什么？如果两年后再看看，你会更高兴，本 ID 就奇怪了，怎么总有人说本 ID 的理论是短线的，有些股票，本 ID 绝对可以拿 10 年以上，关键是它值得本 ID 拿吗？本 ID 可以 419，当然也可以 4N9，关键是你的 N 是多少。谁告诉你本 ID 只看技术面买股票的？只看技术面买股票就等于只看上半身找庄家一样，只有上半身没有下半身的能是好庄家吗？

昨天，央行的吴大姐已经说大力支持私人股权投资的事情，本 ID 在这事上的布局早就完成了，可以预言，这是今后最大的热点，注意，这不单单指二级市场，而是股权投资本身，本 ID 只等着坐轿子了。现在本 ID 已经开始布局一个更新的事情，不走在所有人前面，那是本 ID 吗？

今天违反规定，周末说股票，对不起了，车子来了，马上去安徽，不能多说了。最后重温一下潍柴动力那五绝：

曾经湘火炬，

今已鲁潍柴。

十载风云客，

七尺老残骸。

《全流通后最大的投资机会》文末回复内容

（2007－06－10　08：40：52）

缠中说禅　2007－06－10　21：57：02

刚从安徽回到苏州，明天很忙，如果没有时间写评论，就在后天早上补上。

注意，本 ID 这里指的最大机会是私人股权投资这一块，但一般人没机会参与，所以可以关注中国最大 VC（现在主要做私人股权）公司的股东（600635）以及其他有相关题材的公司。这题材，目前市场还不大了解，等市场了解了，就不是这个价格了。可以明确告诉各位，创业板明年一定出来。

600635、潍柴动力都是从中线角度说的，没必要追高买，如果是中线的资金，可以耐心等待好的买点。当然，如果以前已经有的，就拿着。

今天跑了不少地方，本 ID 也累了，先下，再见。

2002 年 12 月，深圳创新投投资潍柴动力 10％股份，投资金额 2150 万元。15 个月后，潍柴动力 H 股在香港联交所主板成功挂牌上市。上市后，创新投持有潍柴动力股票市值比投资额增加 10 倍以上。2004 年 6 月，潍柴动力发布中期报表，公司净利润 24859.9 万元，较 2003 年同期增长 102.4％，潍柴动力股票飙升至 20 元以上，深圳创新投的账面收益增至 30 倍以上。2007 年 8 月潍柴动力收购"湘火炬"获得成功，回归内地实现 A 股再上市，上市首日收盘价 64.93 元，此后股价一度突破 100 元，深圳创新投的 2150 万元的投资账面收益等于赚了个注册资本为 16 亿元的深圳创新投。缠师写此文时曾查阅了潍柴动力目前股东情况，创新投仍然是流通股的第二大股东，持有潍柴动力 5356 万股，市值高达 21 亿元以上。

潍柴动力项目的成功不仅给投资者带来了巨额回报，同时公司自身也获得了巨大发展。潍柴动力从老国企脱胎换骨，旧貌展新颜，成为中国最大的汽车零部件企业集团。凤凰卫视《潍柴动力大视野》是潍柴动力长期赞助的一栏节目，这

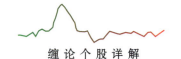

栏节目在打开人们观察世界视野的同时，也大大提高了潍柴动力企业本身的知名度。2007年8月，原潍坊柴油机厂改制为"潍柴控股集团有限公司"，成为中国最大的汽车零部件企业集团。公司动力总成、商用车、汽车零部件三大业务板块，在国内各自细分市场均处于绝对优势地位。潍柴动力品牌在世界品牌价值实验室（World Brand Value Lab）编制的2010年度《中国品牌500强》排行榜中排名第98位，品牌价值已达54.12亿元。潍柴动力主要经济指标连续多年实现翻番增长，主营业务收入从创立时的不足30亿元到至今已突破800亿元，创造了令人惊叹的"潍柴速度"。

参考资料：阚志东忆深创投潍柴联姻记：送钱都不敢要（2011年9月3日），https：//pe.pedaily.cn/201109/20110903229852_2.shtml。

股市里不动脑子只有死路一条

（2007-06-22　08：30：44）

去年底开始来这里的人都知道，本ID在这里说股票，第一只就是000999，当时是12月20日前后，价格是6元，本ID也是同时进去的，后面000416在3元，600635在5元，600777在4元，等等，本ID说的时候，也是本ID开始买的时候。所以，本ID持有股票的时机、成本是完全公开的，但成本只是当时的，现在这些股票的成本都是零。

至于16只股票外3~4月以后说的股票，一只是600607，当时说是抽点对手血，价格是13元，后来翻倍后砸出部分让成本变为零，这在当天也顺口提醒过了；000338，写诗那天是5月15日，本ID是写完诗后第二天开始进去的，看图形就知道；600139，这只股票说的第二天一大早，专门上来说这股票盘子太小，不能乱买，本ID当然也没乱买，可以看看当时本ID说的话，请问够清楚没有？

潍柴动力（000338）是于2007年4月30日上市的，上市后先向下调整了几天，在5月15日见底58元，缠师说他是在见底后第二天进的，也就是5月16日，可以看到，当时该股也刚好形成一个30分的盘整背驰，缠师就是在背驰后进入的（见图163）。

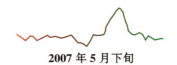

图 163

顶住明天，第四拨人才可能解脱

（2007-08-09　16：04：24）

在市场中，关键是能否长期保持赢利，本 ID 从来没见过喜欢当轿夫的最终能活下来的。谁爱当轿夫就当去，本 ID 依然如故。而且本 ID 还特不厚道，经常批评轿夫的姿势不美、动作恶心。例如，本 ID 今天就要批评轿夫们，本 ID 其他中字头的都不错，就是中石化、中国银行有点蔫，连新高都没创。哪位轿夫有力气的，也来一把吧。

炒股票，要有放松的心态，轿子都不会坐，那就当抬轿的，或者当饺子给人吃了吧。

不是每个收盘都需要一个题目

（2007-08-24　15：24：47）

个股方面，热点继续表演。但基金之类正规部队与游资等"负规"武装间的争夺资金较量，今天有点火花了。和气生财，都别闹了。排好队，姿势优美点，能庄家的自然会被庄家的，和为贵。

昨晚说了那课程，可能有人会说本 ID 自己那十多只股票里没什么行业龙头、高成长性，不符合本 ID 昨天课程说的。这只是不同的眼睛看出的不同景象。首

先，最明显的，000338 不是龙头？600649 不是？000999 不是？000998 不是？000777 不是？甚至，连 600432、600343、000099、000778，哪个不是细分行业的龙头？知道 000778 是离心球墨铸铁管的世界第一吗？知道离心球墨铸铁管是干什么的吗？知道全世界发达地区，排水管道用的什么？知道全中国就算排水管道更新一次，需要多少吗？知道除了排水，城镇供水输气也用这玩意吗？当然，000778 还不止这些东西，知道新兴这两个字代表了多少东西吗？其他股票也一样，就不细说了。

000338，明确告诉大家，肯定上 100 元的，现在估计也没人有了，其实，这只股票，100 元根本不值一提，想想其在行业中的地位，想想这个行业的规模，你就知道，为什么它有动力了。

该公司是我国大功率高速柴油机的主要制造商之一，主要向国内货车和工程机械制造商供应产品，为重型汽车、工程机械、船舶、大型客车和发电机组等最终产品配套，在我国内燃机行业持续保持领导地位。

参考资料：潍柴动力　行业龙头　具有明确增长预期（2007 年 6 月 20 日），https：//business.sohu.com/20070620/n250691961.shtml。

教你炒股票 75：逗庄家玩的一些杂史 1

（2007-08-29　22：00：23）

不要以为，庄家就是好差事，一般的散户，有上面四位吃苦耐劳模范的一点功力，你想不成功都难了。看看人家，94% 还可以梅花香自苦寒来，那些被 N 天半月洗盘就搞得精疲力尽的，还不如去买豆腐回家算了。

能熬住的少，熬不住的，最后都给人作嫁衣了，那些在大峡谷底买货的新人，要知道，这些骨头里，可能最多的，就是所谓庄家的。看着 100 元的 000338，本 ID 仿佛看到铁窗下那唐家兄弟的灰影，这里，就再重温一下，本 ID 在 000338 最低那天贴出来的五言诗偶见湘火炬广告牌，口占五绝（2007-05-15 15：14：19）。有人可能又要问，为什么那天以后，就没有那个位置了？因为，如果还有那个位置，天都要哭老的。

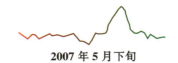
建行引领大盘前行

（2007-09-06　15：55：55）

本 ID 其实不愿意回答个股问题，本 ID 告知的股票都是本 ID 正买着的，当然，本 ID 建仓的过程可能很长，但本 ID 在这里第一次说的时间，肯定和本 ID 第一笔建仓的时间是同一日，甚至更早，这点是没问题的。例如潍柴，5 月 15 日写诗，也是本 ID 买的第一天，本 ID 把自己买的股票说出来，不存在推荐的问题，这就如同告诉各位，本 ID 中午吃了点什么一样。今天中午，本 ID 只喝了点果汁，就这样了。

000338：中国一个大行业的控制型企业，仅这点就决定了其长线的价值。

该股在 2007 年 9 月 3 日达到本轮行情高点 109.3 元，从 58 元到 109.3 元，走势上是一个日线的盘整背驰，如图 164 所示。

图 164

其中，背驰段内部也是一个趋势，在 30 分图中一目了然，如图 165 所示。

更有意思的是，30 分钟图中的趋势背驰段，在 5 分钟图中也是一个标准的趋势背驰，形成了一个三重区间套，第一重是日线盘整背驰，第二重是 30 分钟趋势背驰，第三重是 5 分钟趋势背驰（见图 166）。

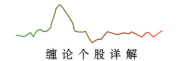

图 165

图 166

2007 年 6 月

三爱富 （600636）

教你打坐 2：要死的人都死了

（2007-06-15　08：13：09）

今天的走势依然没什么可说的，把下面的缺口补了后，继续中枢震荡，关键是都在等周末的消息面。其实，不管周末有什么消息，这两天都消化了。因此，尾盘重新冲上 4144 点，收在其下面不远的地方，也是很正常的。目前，拨乱反正行情第三目标已经达到，后面将为第四目标的创新高而努力。当然，前提是先把 4144 点的 1/2 线给站稳了。

个股方面，那 16 只股票里，600432 已经新高，其他会慢慢跟上的，这种事情肯定有先后的，否则根本忙不过来。如果大盘能如期重创新高，那么绝大多数仍未创新高的股票，都会为此而表现的，这是今后一段时间内一个重要的利润点。另外，那些创新高后没有大级别背驰，并且能回试站稳前期高位的，是另一种可关注的利润点。

站在中线的角度，对环保股票的重视将比本 ID 年初强调时有更多的认同，这是国家大的方向，依然值得中长线关注的。除了那 16 只里的环保新能源股，像 600636 也可以中线关注，该股在环保股里属于已经有一定业绩支持的，不像很多股票暂时还是概念，因此对中长线资金可以关注。该股票在一个月线双底的颈线位上整理，回试时可以找买点介入，千万别一窝蜂追高，否则就等着受刑折磨。

周末，腐败去吧。

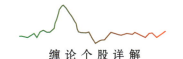

股市里不动脑子只有死路一条

（2007－06－22　08：30：44）

还有一只是 600569 股票，也是 5 月 21 日说的，22 日就停牌，本 ID 也都是 21 日、22 日两天买的，不过这只股票有点背，本来要大涨的，结果停牌碰上 530 大跌，所以本 ID 在复牌 6 月 13 日那天明确说："今天，那关住的钢铁出来，这只股票，这里很多人是停牌前一天 9 元多点买的，至少让各位少了被震荡的痛苦，逃过一次大跌，如果今天早上反应快的，还能有 10% 以上的收益。本来，如果没这次大跌，这股票肯定是要连续涨停的，现在只能先清洗一下，让需要用钱的先出来，这也是市场操作中经常要面对的事情，剧本，偶尔也要修改一下的。至于后面的走势，看好技术图形就不难发现了。"如果你在 6 月 13 日后还追高买入而不是等待买点再说，那本 ID 严重怀疑你是孔子的嫡传弟子。至于本 ID 自己，去看看 60 分钟图，这么大一个顶背驰，本 ID 会麻木不仁吗？对于有大卖点的股票，最大的仁慈就是砸死他，先卖后买，注意节奏，这样成本才能降低，否则成本怎么去变成零？至于 600636，本 ID 也正在慢慢建仓中。

《明天才是大盘短线的关键》文末回复内容

（2007－08－02　16：06：21）

［匿名］新浪网友　2007－08－02　16：50：09

老大辛苦了，那个 600636 跟老大当初所说的相差甚远，希望老大能回答一下，谢谢。

老大好。

缠中说禅　2007－08－02　17：01：25

600636 没什么问题，在长线建仓中。就像 600737，虽然从 7 元多到 10 元多了，依然在长线建仓中。注意，建仓都是动态的，如果成本没被降到一定值，建仓完不了。

一个天大的误解，就是建仓时成本要很高，其实高明的人，建仓时，成本可以不断下降，当然，这种手法，对没耐心、短线思维的人，是痛苦的。所以本 ID 说过，散户也要学会动态建仓。

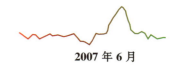

《热点蔓延，阳光下没有新鲜事》文末回复内容

（2007-08-14　15：49：37）

年年一变三　2007-08-14　16：01：08

缠主，看了你昨天的帖子，我们小散没法参与，但我想 600635 按缠主的宏观思路，是否应该是只大牛呢？

另问：缠主多次提及 600636 是战略建仓，我只是建早了些，还小套。问缠主不买二级市场的股票也包含 600636 吗？

缠主先别走，帖了三次了，盼回复！谢谢。

缠中说禅　2007-08-14　16：37：08

不买就是都不买了，不过 600636，本 ID 在 10 元上下买了不少，本来是要继续买的，既然都不买了，就都不买，战术服从战略，本 ID 不买，自然还有别人要买。

像 600737、中铝、中国国航等中字头以及原来那十多只股票，本 ID 都会继续持有的。没有成本为零的，本 ID 会找机会变为零，这就是套钱的手段，套出来的钱，都离开二级市场去干 PE 去，如此而已。

缠师是在 2007 年 6 月中旬提到可以关注 600636，当时它的股价是 14.5 元左右，6 月 22 日在回复中说正在慢慢建仓中，8 月 2 日说在长线建仓中，8 月 14 日说在 10 元上下买了不少，但不再继续买了（见图 167）。

吃得咸鱼抵得渴

（2007-09-03　15：38：43）

个股方面，可以充分关注技术走势的意义。以本 ID 有的个股为例子说明：

第一类，如 600636，属于最弱的股票，还没有重新站在半年线，这种股票的任务是先站住半年线，然后展开。具体到该个股，基本面上不存在任何问题，只是里面的人太杂。

第二类，如 600737，前几天刚突破 530 点后的第一个反弹高位，然后回调，这对于其他股票有同样的意义，这类股票的任务是通过震荡站稳该位置，然后去挑战 530 点的高位。

第三类，如 000938，突破 530 点高位后出现震荡，这都是最正常的。这类股

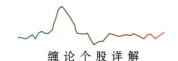

图 167

票,短线能否继续展开行情,关键是 530 点高位能否在震荡后站稳。

对于补涨的二、三线股票,无非就这三类,因此可以根据具体情况,进行相应的短线处理,如果看不明白或没时间看短线的,就看 5 日线或 5 周线进出,这是中短线操作最懒惰的方法了。一般出现相应阻力的震荡,可以在冲高时先退出,下来再回补,用中枢震荡的方法,如果没这个判断与技术,就算了。

另外,除非你技术特别过关,否则不建议目前频繁买卖,因为谁都不能保证你今天买的股票,会不会在晚上就碰到一个恶劣的消息,对于心态、技术特别好的,当然无所谓,真出消息,一刀下去千了百了,但一般人可没这心态。

一定要注意,长线介入,一定是在长线买点,如果在一个短线买点介入要持有长线,是绝对地违反本 ID 理论的。短线买点的介入就只意味着短线操作,除非你有最坚强的意志,任何牢底都可以坐穿,否则,就别玩这游戏了。

本 ID 说的是,例如,现在大盘的走势是本 ID 可以接受的,但如果大盘快速突破 3/4 线后继续快速上涨构造多头陷阱,那么就算没有政策,本 ID 也绝对不客气。这几天的中铝只是一次演习,中铝这次的演习,目的完全达到,使得二、三线的切换全面成功,从明天开始,爱谁谁去。

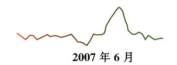

下午、晚上都给 PE 了，没办法，先下，再见。

周底分型构成待确立

（2007–12–14　15：48：40）

上周给了本周一个任务，就是去构成周底分型，今天早上也特别强调这一点，现在任务算是完成了。下周的任务也先给出，就是去确认周底分型的确立，技术上十分简单，即在 5 周均线站住。

前面已经明确说过了，现在是 5010 点扩展出来的 5 分钟震荡。今天早上，一个完美的 5149 点下来的下跌段的背驰出现后开始对 5010 点在中枢的震荡回抽，这十分技术化。当然，这些走势的操作，需要比较高的技术把握，如果没这个技术，就算了。

注意，只要这震荡不出现第三类买卖点，那么震荡继续。有技术的按照震荡的程式进行就可以，那程式是什么？课程里反复说过了。

周一，从日线上看是能否形成底分型，如果成立，周二以后是对该底分型的确立，也就是能否站住 5 日线的问题。一旦确立，这向下笔就完成了。然后看后面的向上笔能否带领出周线的向上笔了。当然，所有的前提都是周一能够构成日线的底分型。

本 ID 对没学会的人，已经很给面子了，600737 让那些没学会的一棵树吊死，如果都办不到，那本 ID 也没办法，自己磨炼去吧。不经历点痛苦，怎么能学到好东西？

本 ID 这里是一个训练场所，本 ID 更像一个教练，这里其实没什么，密在汝边。

周末，不想说太多股票，把以前说过的最后几只股票都说说。

600594：去年底，本 ID 说看好医药和钢铁，后来医药股里出了不少黑马，这些股票不算黑马，涨幅也一般，还需要努力。

600607：本 ID 在 24 元上说走人，但中线还要折腾。

600375：这只股票震荡也不小，主要问题是公司治理有问题，如果这个问题解决了，该股票不会比三一差，现在只能耐心等待问题的解决。

600319：这和上面的问题一样，有投机性题材，机会一到，自然爆发。中线暂时箱形震荡。

600636：现在盘子稍微比前几个月干净了点，题材业绩概念都不错，就是盘子太脏，慢慢洗白白，洗干净自然就表现了。

000600：涨了4倍后休息一下，整体上市之类的题材，中长线没问题。

000021：好股票总要表现的，不过科技股不是现在的主流，但70元的历史高位，对于长线角度，并不是特了不起的位置。

000338：中国一个大行业的控制型企业，仅这点就决定了其长线的价值。

002149：上市时短炒了几天，然后先走了。后来在答疑的时候描述过这类股票的中长线建仓手法，现在的走势基本按着剧本走，当时说最好能到十几元，估计有点难度，如果真有这个价位，那肯定是无敌风火轮了。砸得狠，往往是爱之深，想吃到中长线的便宜筹码，如此而已。公司基本面很好，最不好的是中长线的筹码很难买够。

000807：并购题材，这种题材的变数比较大，不过这只股票的有色背景，使得其业绩是有保障的，可以算是有业绩支持的投机。

中字头：中铝、中国人寿、中石油、中联通等，这都是本ID两只翅膀中的一只。中联通一旦中国移动回来，疯一次是很应该的。另外，整体业务的上市、整个电讯重组，都是很大的题材。其他几只，都是长线的好股票，只是中线上，前面发力过大，如果没有股指期货刺激一下，不会太过疯狂。

周五，累了一周，本ID也要去腐败腐败了。

先下，再见。

缠师此时提到了两点（见图168）：

（1）技术上该股的关键点是120日均线，9月那个高点是被120日均线压制的，那么下一次反弹的关键点要看120日均线。

（2）该股表现不好的主要原因是盘子太脏（里面的人太多，太乱），都想跟着吃肉，主力必须洗盘。

多头，有了冲动就要喊

（2008-01-04 15：12：12）

今天走势最大的意义是什么？站在本ID理论的角度，就是突破5336点使周线上（1，1）的状态延续，在周线的（1，0）出来之前，也就是周线顶分型出现

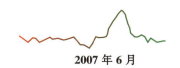

2007 年 6 月

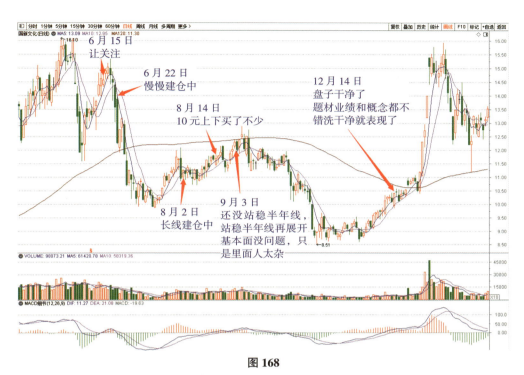

图 168

之前，尽管持股睡大觉。

炒股票，对于中短线来说，有什么比周线都出现向上笔的延续更理想的状况？这种状况下，你的利润就有了一个超稳定的保障系统，它会给予最强有力的保障并使该利润尽可能地延伸。那些每天如惊弓之鸟一般的，请好好复习一下历史图形，如果让你每天惊弓之鸟一样的震荡连周线的顶分型都震荡不出来，那又有什么可惊弓之鸟的？

请复习一下历史走势，看看从 3563 点到 6124 点的走势，按照本 ID 理论里最低级的周顶分型就足以让所有的利润得到最大的延伸。

当然，如果技术高的，在周线的（1，1）延伸里，也可以利用更低级别的走势搞出不少差价，或者通过不同级别的震荡换股达到利润最大化。但这是对技术高的人说的，如果没那技术，就天天睡觉，顺便可流点口水。

来本 ID 这里，关键是学东西。如果太计较自己有没有这只股票，是不是赚了，那你的水平永远提不高。还是以本 ID 的股票为例子，一只最令人深恶痛绝

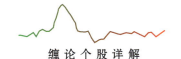

的股票：600636。你是否在里面赚钱并不重要，关键是你能否在这经典走势中学到点什么。看看这经典的走势：一个 ABC 的下跌，其中的 B 段在 120 天线受阻，然后大力挖井后回手在 120 日突破回试确认，其后迅速回到井的上沿 13 元附近，一个超完美的井。后面干什么？就是要确认这井的上沿能否站住的问题了，这都是最标准的走势。如果对这种类似的走势烂熟于胸，难道你还不能自如地应付类似的走势？

600078、000938 等是另一类型的走势，也是超经典的，请当成作业分析一下。

周末，又是多头发挥嘴皮子功夫的时候。多头，有了冲动就要喊。上升行情，本质上是喊出来的。就是上升多头爽了，然后就喊，见人就喊，喊得满大街的人都很冲动，结果就又上升了。

周末，多头就多喊喊吧，爽了不喊会憋坏的。

至于超短线的技术分析，由于第三类买点还没有整出来，因此今天的突破并没有 100% 的保证，这个突破是否有效，就看多头周末的嘴皮子功夫与喊功的诱惑力了，把大家都喊爽了、都冲动了，大盘自然就有效突破了。

周末，爽去吧。

先下，再见。

此时，股价刚突破 120 日均线，并且刚好到达 B 段的高点附近，几天后，股价也到了最早缠师提到它的时候（2007 年 6 月 15 日）的位置，大约 14~16 元，也就是说，虽然该股自从缠师让关注之后基本一直在下跌，从 14~16 元附近最低跌到 8 元多，但最后还是回到了最初的位置，起码还有解套的机会（见图 169）。

最终该股在 2008 年 1 月冲到快 16 元的位置后跟随大盘进入熊市，一直到 2008 年 11 月见底，这次见底后，磨出一个月线中枢，然后进入到一波主升，从 2008 年 11 月的底部 3.25 元，最高涨到 2011 年 7 月的 42.19 元，翻了十几倍（见图 170）。

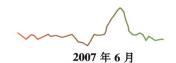
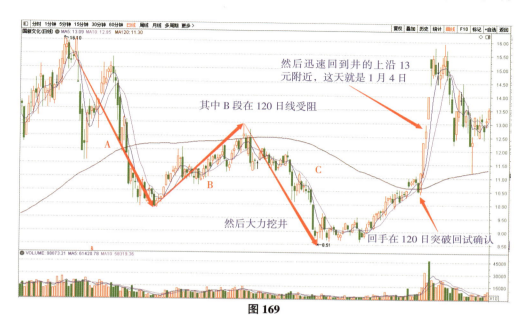

然后迅速回到井的上沿 13
元附近，这天就是 1 月 4 日

其中 B 段在 120 日线受阻

A

B

C

然后大力挖井

回手在 120 日突破回试确认

图 169

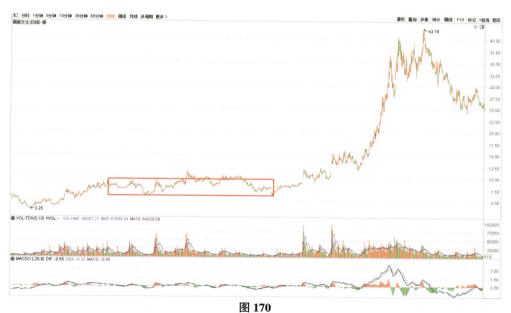

图 170

2007 年 7 月

中粮糖业 （600737）

和散户网友说说现在的形势与任务

（2007-07-05 23：04：16）

本 ID 这次的任务，不是原来那 16 只股票可以完成的（这些股票，中长线的角度依然会关照的，对它们，都是保持零成本增加筹码的阶段），本 ID 现在正在开辟新的战场，介入一些对股市更有影响的品种，大致方向本 ID 已经说了，就是整体上市（包括中字头）、大重组（包括老树发新枝那种）、中小成长的。技术上，都是有年线可以依托的。但像中石化、联通等指标股，当然是需要慢慢控制的，否则，就没有话语权了。逐步掀起整体上市、大重组、中小成长的行情，把整个不利的局面扭转过来。

现在，要把人心扭转，不是一天半天的事情，必须有股票，逐步走出有号召力的行情来，才会得到市场的响应。当然，这市场不是本 ID 的，其他有实力的，如果都能选择好攻击对象，为市场的稳定和对对手的狙击给出自己的贡献，那么本 ID 的星火最终就可以燎原。

CCTV：2007-07-06 10：18：16

发现妹子股票！！！ 肯定是！！！ 600737！！！！！ 中字头、大重组、整体上市，昨天还说了 T 家兄弟！！！！！！！！！ 刚好在年线附近！！！！！！！！！！！！！！

大盘长中短走势略说

（2007-07-08 22：16：44）

还有一种，就是干脆全仓不动，反正无论哪种调整，最终还是要结束的，最

终还是要重新开始行情，中国股市大牛市的基础一点都没改变，20 年 3 万点这过于保守的结论依然成立，甚至要大大向 4 万、5 万点修正，只要拿着有着大潜质的股票，这些小波动根本不算什么。例如，本 ID 告诉各位的年线附近，中字头、大重组、整体上市、中小成长等股票，任何大盘的调整，只是提供一个中长线建仓的机会。

　　例如，那只中字头的 T 家兄弟的老股票，如此大力度的重组（以后就知道，现在没必要说），如此深厚的大股东背景，如此完美的图形，虽然本 ID 很讨厌 T 家兄弟，但最近还是对这只股票上下其手。而这只股票，就算是 15.19 元买了，解套挣大钱，还不是迟早的事情？问题不是你什么价格买，而是你是否有技术把成本降下来，或者，即使你没那技术，那你是否有持股的耐心与决心。

　　通过这段话就可以明确知道，缠师说的中字头＋大重组＋整体上市＋中小成长就是中粮屯河（600737），中粮是中字头，大重组（老树发新枝）是中粮重组了 ST 屯河，属于老股重组装入新资产，并且整体盘子不大，仍然属于中小成长，而且当时刚刚收到年线支撑，15.19 元是 530 时的高点，各项都符合，此时说该股时，刚好是其回抽年线企稳时的低点（见图 171）。

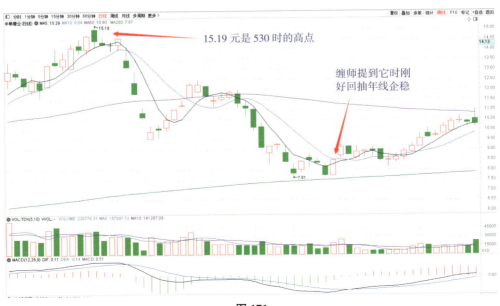

图 171

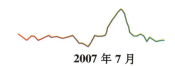
吃得咸鱼抵得渴

(2007-09-03　15：38：43)

　　第二类，如 600737，前几天刚突破 530 点后的第一个反弹高位，然后回调，对于其他股票有同样的意义，这类股票的任务是通过震荡站稳该位置，然后去挑战 530 点的高位（见图 172）。

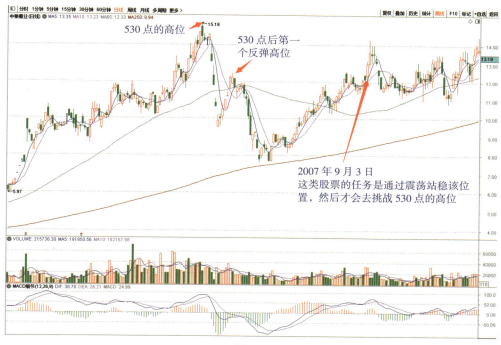

图 172

《市场继续进入 530 前的怪圈》文末回复内容

(2007-09-10　15：58：37)

［匿名］新浪网友　2007-09-10　16：29：49

600737 已经形成卖点吗？看不懂。

缠中说禅　2007-09-10　16：41：41

　　短线的卖点早过了，就算你用最粗糙的日线上的顶分型分析，周五的任何一个反弹，只要不过 14.28 元，都将构成顶分型。

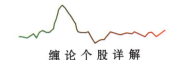

顶分型以后下跌，那是天经地义的事情。

这只股票，主要是最近买的人太多，有人疯了，13.99 元、13.49 元连续用 4000 手、5000 手买进挑逗庄家，庄家不出消息洗就有病了。

该股中长线没有任何问题，现在最大的问题就是盘子有点乱。

教你炒股票 79：分型的辅助操作与一些问题的再解答

（2007-09-10　22：37：13）

600737：看日线，这属于复杂的、有所谓的包含关系。2007 年 9 月 4~6 日是典型的包含关系，然后 7 日这天，破坏包含关系，并没有创 14.28 元新高，典型的顶分型结构。

它高位三根 K 线是有包含关系的，经过包含关系的处理，三根 K 线可合并成一根，那么是否形成顶分型，就看周五那天的高点是否高于顶的位置 14.28 元（见图 173）。

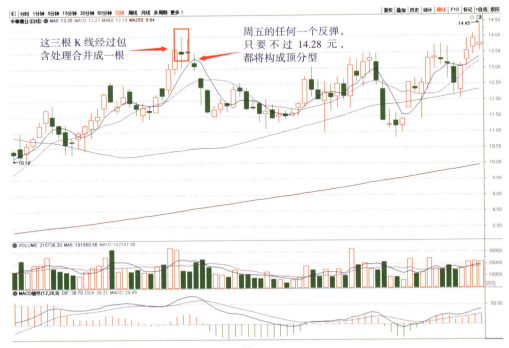

图 173

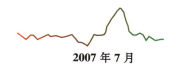

6100 点终破，无憾矣！

（2007-10-16　15：29：29）

今天站上 6100 点，终于没什么可遗憾的了。6100 点，曾经是 1996 年大牛市的深成指的最高点，当时也是刚破 1000 点后启动的。相比这轮牛市并不太猛，走了 2 年多才达到上次 1 年多完成的幅度，正因为这个速率比较温和，所以才不会是最终真正的顶部，但中期调整是需要的，只是等待共振点。

今天的大盘，延续上周说的大震荡后的中字头消息、题材股启动。今天糖业大启动，600737 不大动，主要是现在，中国最大的糖产还没装进来，今天跟着启动，似乎有点名不正。不过，该股最牛的题材，还不是将有最大的糖，而是其他，这类中长线的股票，短线的走势并不重要。就像 000777，从去年 12 月的 7 元多到现在的 47 元多，真正的题材还没出来，这就是中长线股票的走法。

反弹剧本第一目标胜利完成

（2007-12-11　15：33：37）

这几天，把本 ID 曾说过的股票都再分别说一次。注意，本 ID 说的股票，都是从长线角度说的，你要充分理解本 ID 的理论才能发挥最大的效力。由于本 ID 现在比较乖，都是组合形式的操作，不会干在一只股票上买入 90% 筹码之类的活动，所以组合的股票比较多。一般的散户，可以按照股票池的观点来看，没必要在一棵树上吊死，如果能选择好轮动的节奏，那效果是最好的。当然，没这本事的，吊死在 000999、600737 之类的股票上算了。

600737，当然不会是单纯的农业股，属于什么牛板块，现在还不能说，说了会出毛病，以后就知道了，知道就会明白，8 元的 600737，简直比冬藏大白菜还便宜。

发文当天中粮屯河刚经历过涨停，价格在 16 元多，当初提及该股的时候，还不到 8 元，此时已经翻倍，而最终该股是在 2008 年 3 月达到顶部 32.6 元，已经是底部 8 元位置的 4 倍，如图 174 所示。

这波日线级别走势，是个标准的趋势背驰（见图 175）。

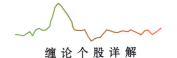

缠论个股详解

(扫码联系作者)

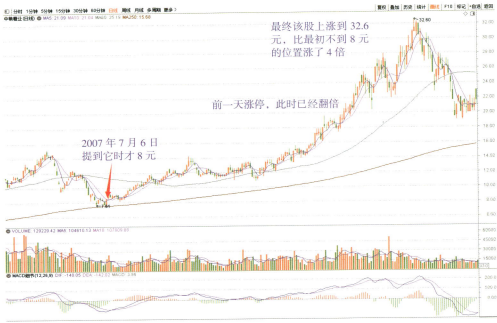

最终该股上涨到 32.6
元，比最初不到 8 元
的位置涨了 4 倍

前一天涨停，此时已经翻倍

2007 年 7 月 6 日
提到它时才 8 元

图 174

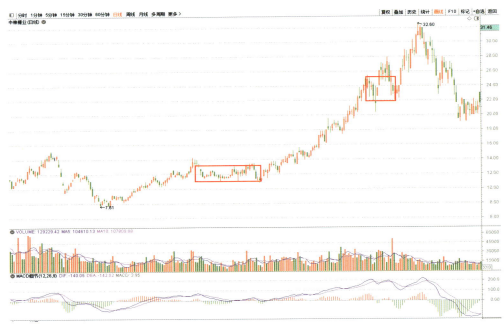

图 175

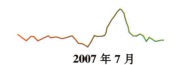
其背驰段内部，是个盘整背驰，30 分图里更清晰，如图 176 所示。

图 176

2007 年 9 月

云铝股份 （000807）

资金向政策发起新一轮挑衅

（2007-09-17　15：46：13）

了解这事，顺便还了解了另一件事情，就是有人希望把某铝让美铝来入股，现在中铝很厉害，所以就有人要搞这样的把戏。不过企业相当抵触，所以这件事情还真不好说。如果美铝真给放进来了，那些铝们又要疯了。但这只是一个有人在折腾的事情。实际上，事都是折腾出来的，但折腾并不一定能成事，所以，这也只能是一个 VC 项目，不能太沉迷。

注意，本 ID 说的是铝，可没说什么股票。

通过后来的新闻可以知道，是云铝股份，由此可见，缠师的消息渠道极其灵通。

美铝铝箔转手云冶集团 两年前，美铝还意欲将云铝股份纳入麾下

http://www.sina.com.cn 2009年08月14日 00:00 21世纪经济报道

本报记者 文 静重庆报道

"几年前，美铝和云南省政府谈过多次，想收购云铝股份(11.140,0.01,0.09%)；现在，不是美铝来收购我们，而是我们把它（指铝箔部分）给收购了。"8月13日，云铝股份母公司云南冶金集团股份有限公司董事长董英在接受本报记者独家采访时说。

图 177

参考资料：http：//finance.sina.com.cn/roll/20090814/00003010254.shtml？from=wap。

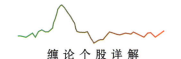

（扫码联系作者）

《政策对资金挑衅的反击》文末回复内容

（2007-09-19　15：42：03）

［匿名］新浪网友　2007-09-19　15：50：40

000807，那铝，还会疯狂吗？

缠中说禅　2007-09-19　15：54：14

现在，企业不愿意，但有比企业大的愿意，正在磨着，磨出结果才会疯狂。该股基本面不错，又有新项目将产生利润，不过如果大盘不好，也只能跟着大盘走一段。如果有机会有大的中线买点，是值得关注的。

缠师提到该股时，该股从 2005 年的底部以来已经涨了快 20 倍，由此可见，此时缠师还看它的主要理由是这个消息面，但缠师也提醒了风险，如果大盘不好，它也只能跟大盘走（见图 178）。

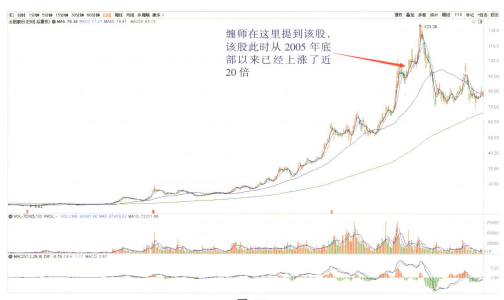

图 178

2008 年熊市见底后，2009 年，该股又从 3.8 元涨到了 17.95 元，不到一年时间翻了 4 倍多（见图 179）。

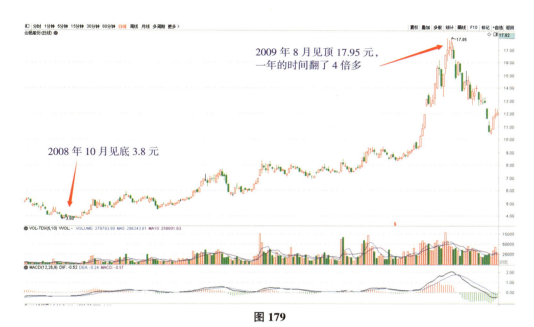

2009 年 8 月见顶 17.95 元，
一年的时间翻了 4 倍多

2008 年 10 月见底 3.8 元

图 179

周线上，它从 2005 年的底到 2007 年的顶，刚好是一个周线上的趋势背驰，如图 180 所示。

图 180

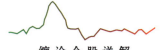

亚星化学（600319）

都是月亮惹的祸（附录七古：中秋见月）

（2007-09-25　15：49：49）

从上周就开始告诉各位，月儿圆，有震荡，昨天最后一句还特别强调"月亮圆了，注意短线震荡的加大"，因此，对今天的震荡，如果还把握不住，那只能证明，你确实不适宜短线操作，那就中线点，无所谓的。中线上，大盘的压力越来越大，如果不是有人为了新股护盘，今天可不止跌这么点。

至于本 ID 的理论有没有用，这个问题根本无须讨论，如果你连今天划分中线 132（13：46）的第三类卖点都没看出来，那就更没资格讨论这个问题。看看 132 与 129（9：47）间不到半点的差距，就知道这理论的力量有多大。

现在的人都很奇怪，似乎全世界的人都欠了他的，你考不上北大，那一定是老师的错，老师欠了你的。你学不会几何，那几何肯定错了，就如同今晚的月亮，都是他的错。本 ID 对这套逻辑从来没兴趣搭理，本 ID 又不是卖月饼的，过了今晚，本 ID 的理论依然框架着所有的股票走势，就如同三角形之和 180 度框架着欧几里得平面上的图形。

个股方面，说句梦话，千万别信：可以开始关注两只股票 600319、000822，这都是基本面上有可能出现重大变化的。不过必须声明：由于目前大盘的位置十分危险，对个股的介入，一定要在大级别的买卖点。有些股票，如果技术好的，可以不断震荡降低成本去介入，例如 600078。毕竟现在不是 3000 点，是 1000 点，没有什么便宜的价位了，如果成本没本事降下来，最好就什么都别介入，等大盘暴跌再说。如果有那本事，那就无所谓了。

周底分型构成待确立

（2007-12-14　15：48：40）

600319：这和上面的问题一样，有投机性题材，机会一到，自然爆发。中线暂时箱型震荡。

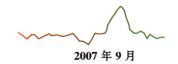
不会享受大震荡的人股票就没入门

（2008-01-17　15：14：57）

至于 600319 今天还涨停，那不过是一个态度问题，这里的老人大概都知道，就算是 530 最恶劣的时候，本 ID 说的股票里还总有一两只顽强地红盘的，注意，一定要声明这可和本 ID 无关，那大概是电脑出毛病了，抽筋了。

2007 年 9 月 25 日缠师说开始关注，当时正在挑战历史次高点，后面受到大盘的影响，直接再次向下探底，于 2007 年 11 月见底，然后跟着大盘开始缓慢爬升，2008 年 1 月左右再次来到 2007 年 9 月的高点附近，开始大幅震荡，消化套牢盘，然后向上突破，刚刚突破历史高点后，于 2008 年 3 月 6 日见顶（见图 181）。

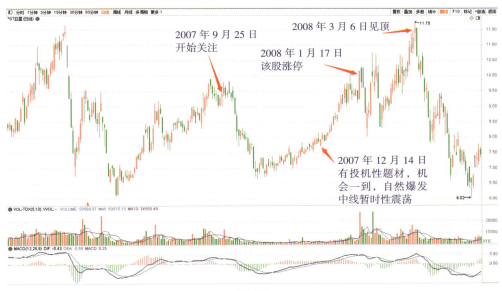

图 181

从 2007 年 11 月开始的这波日线走势，是个趋势背驰（见图 182）。

这个背驰段内部，是个 30 分钟级别的标准的小转大，因为离开第二个中枢的那个五段趋势的力度大于第二个中枢之前的上涨走势力度（见图 183）。

图 182

图 183

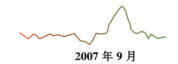

山东海化 （000822）

都是月亮惹的祸 （附录七古：中秋见月）

（2007−09−25　15：49：49）

个股方面，说句梦话，千万别信：可以开始关注两只股票 600319、000822，这都是基本面上有可能出现重大变化的。不过必须声明：由于目前大盘的位置十分危险，对个股的介入，一定要在大级别的买卖点。有些股票，如果技术好的，可以不断震荡降低成本去介入，例如 600078。毕竟现在不是 3000 点，是 1000 点，没有什么便宜的价位了，如果成本没本事降下来，最好就什么都别介入，等大盘暴跌再说。如果有那本事，那就无所谓了。

没有消息，继续把多头哨位架高

（2007−10−15　15：15：15）

显然，周末的准备金不会是空头所等待的政策共振，周五大震荡配合的板块转换，其实已把空头的计划提前透露。上周，本 ID 已明确说，没消息，题材股会借机反弹走强，给中字头休息机会。这两天走势，不过是这剧本的现场演绎。看这两天 000777、600343、000600、000807、002149、000822 等股票的走势，以及这两天的涨幅榜中二、三线个股的大面积增多，板块的反弹转换一目了然。但注意，除个别最近有实质题材外，题材股大多目前不具备大幅度启动的时机，只是一种换档式的过渡。

反弹剧本第一目标胜利完成

（2007−12−11　15：33：37）

000822：该说的很多，但很多都不方便说，说了要出毛病。唯一可以说的，第一次到 18 元，该拿货的人都没拿着，大盘 6100 点的大跌，真是缘分哟！谢谢啊！

不会享受大震荡的人股票就没入门

（2008−01−17　15：14：57）

本周开始时已经说了，春节前要出点情况，就是这周了，后面，就要逐步营造点和谐的气氛，但在营造和谐之前，首先要营造的是恐怖，没有恐怖，把不坚

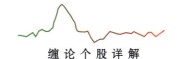

定分子彻底清洗，哪来和谐啊？

个股方面，昨天的提示已经足够明确："这种情况，如果过分延续，是不好的，太脱离指数也不好""如果你觉得心脏受不了，可以先把本拿出来，例如600737之类的，剩下利润在里面继续"，今天早上，这些股票都有红盘，000822之类的甚至还有新高让各位去反应，如果你没反应，那本 ID 也没办法了。总不能举着杠铃让最没反应的人去反应吧，如果这样，这就不是市场，而是童话世界了。

这只股和 600319 类似，都是在 9 月 25 日开始关注，关注后立刻碰到 6124 点大顶，然后进入中级调整，于 2007 年底企稳并在 2008 年 1 月创新高并且见顶（见图 184）。

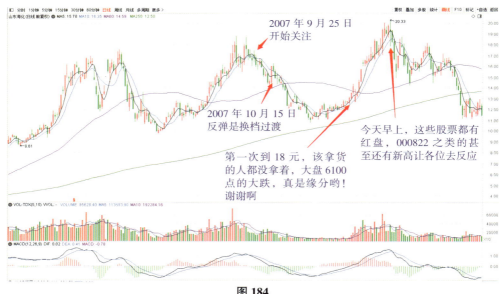

图 184

该股从 2005 年 7 月见底以来，是一个周线上的趋势走势，缠师让关注的时机是第二个周线中枢里的上结束的位置（见图 185）。

而最后的背驰段，其内部也是一个背驰段，在 60 分钟图中可以清晰看出，是一个标准的趋势背驰，而且其背驰段内部是由 c_1、c_2、c_3 构成的，其中，c_2 是对最后一个中枢的三买（见图 186）。

图 185

图 186

新　股

中工国际 （002051）

中工国际是缠师提到的最早的一只个股，这也是一个新股上市的炒作案例，缠师也参与了，我们通过原文中的描述可以认真分析一下缠师的逻辑。

鄙视所有对 N 中工 15 元不敢买 50 元就吃醋的人！

（2006-06-19　16：45：17）

谁都知道 N 中工万千宠爱在一身，一年多没有新面孔了，突然来了一个新的，大伙热烈一下有什么不对的？值得某些人这么大惊小怪的？鄙视所有对 N 中工 15 元不敢买 50 元就吃醋的人！

今天该股 90% 多的换手意味着，所有中签的人基本都抛了（对手盘包括其中），而且绝大多数都在十几元抛的。这就对了，你们十几元不看好，有人要看好，市场向所有人开着，凭什么不能买？市场就是一个斗心理的过程，大家都想一块去了，那还用不用活了？

下午激烈冲高，又有什么可值得奇怪的，市场上要买的力量大，而由于 T+1，没有足够的筹码供应出来，要买几百万股都跑到 50 元的，这不很正常吗？请注意，今天的均价是 18 元，均价并没有大幅上涨，因此任何有关投机的说法都是可耻的！而且今天有快三个小时十几元随便买，自己没买，就企图起哄叫嚣，鄙视你们！

只要符合市场交易规则，包括 N 中工在内的所有走势，都应该受到法律保护。至于市场中的人，首先有了一花盛放才可能百花盛开，维护一个只按法律办事的环境，对大家都有好处！

教你炒股票 4：什么是理性？今早买 N 中工就是理性！

（2006-06-19　21：41：14）

此外，如果你一定要很习惯地、理性地追问什么是理性，那么，相对那些光说不干的所谓理性，今早 15 元多买 N 中工就是理性！理性是干出来的，今天，你干了吗？

《教你炒股票 9：甄别快男的数学原则！》文末回复内容

（2006-11-22　12：00：00）

［匿名］nn　2006-11-22　12：25：08

非常欣赏楼主的新思维和大智慧，但有一点不明白，楼主为何说 15 元多买 N 中工就是理性？现在我不是想问 N 中工值不值这个价，我是想知道假如我在那个位置买了，后面的情况大家也知道了，我的问题是在这长达几个月的过程中应该如何处理才是最佳的操作手法？

缠中说禅　2006-11-22　12：25：08

开盘就买中工当然是理性的，因为是第一只，而且开盘的位置也不太高。后面之所以出现如此走势，是特殊因素造成的，但开盘 15 元多买的，后面 18~19 元随便你出，由于情况发生了意外，当然要选择退出，这还是上面的原则，买股票一定不能追高，这样一旦发生意外，退出也简单。

《〈论语〉详解：给所有曲解孔子的人（64）》文末回复内容

（2007-04-19　15：34：58）

［匿名］新浪网友　2007-04-19　15：39：58

缠主好：

今日走势如缠主所料，真是神。

不过今天我们的中长线品种 002051（中工国际）没有出，18 元左右分批进的，打算持有到 50 元，不知道缠主对这只股票有何指教？卑下洗耳恭听，万分感激。

缠中说禅　2007-04-19　15：49：25

就算长线的，也应该学习在大点的卖点进行卖出，买点再回补的操作，这样能把成本降低，而且可以增强持有的灵活性。当然，这需要一定的技术支持，所

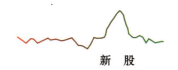

以要学习。

IPO 在 2005 年 5 月暂停，中工国际是 IPO 暂停一年多后重启的第一只股票，也是新老划断的第一只股票，新老划断是股权分置改革中重要的一环，政治上的需要，一定不能出任何问题，因此 N 中工自然是"万千宠爱在一身"，对于这种具有政治意义的股票，其表现自然不会差。另外，该股 IPO 发行 6000 万股，扣除承诺 3 个月锁定期的网下配售的 1200 万股，实际流通只有 4800 万股。

有了以上的预期之后，重要的看市场是否认可。从上市当天的盘面看，开盘 15 分钟的成交量已经超过了 2500 万股，实际换手超过 50% 还多，而且当时的股价只有 16 元多，说明市场对该股的这个价格认可度非常高。

全天换手更是达到 94% 多，从当日的分时图可以看出，当天最低价在早盘放大量时，最低 15.5 元，直到 1：45 左右，还一直在 18 元附近，此时换手率已经 80% 多了，也就是说 80% 多的筹码已经交换了一遍，只有不到 20% 的筹码可买，所以后面当有人抢筹时，价格直接从 18 元多被抢到了 50 元，之后开始回落，尾盘收在了 31.97 元（见图 187）。

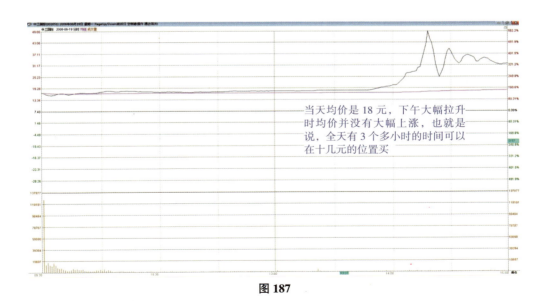

当天均价是 18 元，下午大幅拉升时均价并没有大幅上涨，也就是说，全天有 3 个多小时的时间可以在十几元的位置买

图 187

当天媒体等舆论对中工国际上市首日的表现都说被爆炒，要严查，但深交所

称中工国际表现属于正常，不会进行调查，但市场有所忌惮，第二天开始连续跌停 5 天，第六天在 18 元附近打开，之后几天一直在 18 元附近波动。那么 16 元以下买入的依然是盈利的。

A 股历来有炒新的习惯，对于重启 IPO 的第一只股票，如果不受市场热捧，对后续的 IPO 也有影响，有了基本逻辑，剩下的要看市场的反应。

那么盘面上就是市场最直接的反应，开盘就比发行价涨了一倍多，并且全天换手充分，说明市场认可度比较高，这是受市场热捧的表现。2019 年 7 月 25 日，科创板上市时也是如此，一共 25 只个股，当天换手率全部都在 70% 以上，其中，安集科技当日最大涨幅达到 5 倍以上，并且上市一周内，几乎所有个股都有翻倍的行情。

工商银行 （601398）

教你炒股票 20：缠中说禅走势中枢级别扩张及第三类买卖点
（2007-01-05　15：23：22）

例如，工商银行在 2006 年 12 月 14 日构成典型的日线级别第三类买点，如图 188 所示。

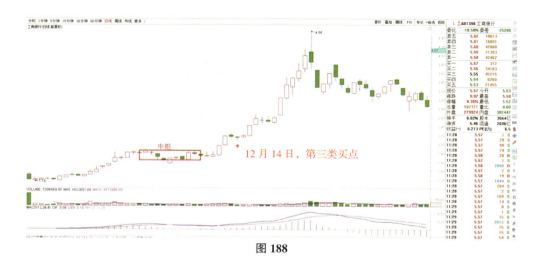

图 188

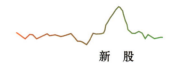

缠中说禅　2007−01−05　17：25：31

对日线中枢来说，次级别是 30 分钟，而次级别的完成，需要再次级别，也就是 5 分钟图上呈现 3 段走势类型。工行在 14 日有着完美的表现。那天 14：40 左右刚好完成这三段 5 分钟的走势类型，你可以精确地找到 4.2 元的买点。

请把这三层次的级别关系搞清楚。

缠师第一次讲工行是拿它作为三买的案例。日线图如图 188 所示，近似地看做是一个日线笔中枢的三买。

抓三买的三个层次的级别关系：中枢级别最大，假设为 N3 级别，它是由 3 个次级别 N2 级别走势构成，每个 N2 级别走势至少由 3 个 N1 级别走势构成，那么三买就是离开中枢的次级别后，有 3 个 N1 级别的走势完成。

对应在工行上，日线笔中枢，那么次级别就是日线一笔，大约是 30 分钟图里的三笔，大约是 5 分钟图里的三段，但这里只是大约，并不是严格去划分笔和线段。30 分钟图里如图 189 所示。

图 189

可以看到，30 分钟图里，每个次级别走势可以组合出至少 3 个 30 分笔的，其中，离开的走势近似是五笔趋势，返回的近似是三笔返回，在 5 分钟图里，该次级别离开是五段趋势，返回是三段盘整，非常漂亮非常经典的趋势+盘整构成

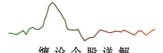

缠 论 个 股 详 解

的第三类买点，如图 190 所示。

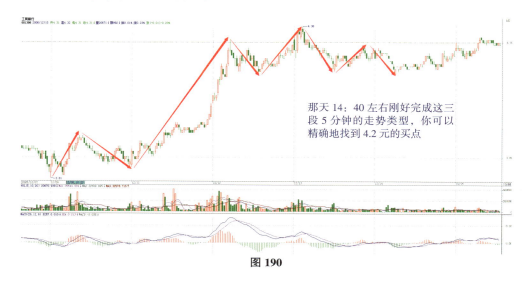

那天 14：40 左右刚好完成这三段 5 分钟的走势类型，你可以精确地找到 4.2 元的买点

图 190

《休博 5 天公告》文末回复内容

（2006-12-29　15：05：47）

［匿名］空读　2006-12-30　03：37：29

工行（601398）30 分钟线上 12281130 与 12261100 相比是否形成背驰？

缠中说禅　2007-01-03　20：23：18

都是小级别的背驰，最多就是 5 分钟图上的。注意，以前说过了，要用 MACD 看背驰，关键首先要回抽 0 轴。关于背驰的问题，以后还会说的。等着吧。

缠中说禅　2007-01-04　16：01：37

但现在只是小级别的，短线调整后不排除还有创新高的可能，中线就更不用说了。

各位可以好好分析一下工行的 1 分钟、5 分钟图，用走势类型必须完整的定理，尾市的跳水就理所当然了。但这次跳水后，关键看能否重回今天的中枢，不行的话，调整的级别就大了。

另外，可以教大家一招，就是当第二龙头的补涨比第一龙头还有力时，往往是该板快要进入调整的标志。比较一下工行和中行今天的走势就明白了。

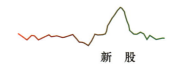
缠中说禅　2007-01-04　16∶01∶37

千万要养成好习惯，买股票只在理论规定的买点里买，不能一路上涨一路买，一旦一个小的震荡就受不了了。站在理论规定的角度，工行在日线上的最后一个买点就是本 ID 要和各位玩的那游戏所说的第三类买点，15 日以后就没有任何理论上值得介入的买点。

千万要记住，在底部买股票一路持有，不能一路追买。教训！

工行中线问题不大，短线人寿上市前后出现调整是很正常的，这个调整的规模决定于能否快速重回今天的 5 分钟中枢。能，就是一个 30 分钟级别的调整，不能，至少是日线级别的调整。

当第二龙头的补涨比第一龙头还有力时，往往是该板快要进入调整的标志。当天，中国银行的走势要比工商银行强，而且前两天中国银行是两天涨停，补涨明显（见图 191）。

事后看，后面的走势也没能回到 1 月 4 日上方那个 5 分钟中枢，调整变成了日线级别的（见图 192）。

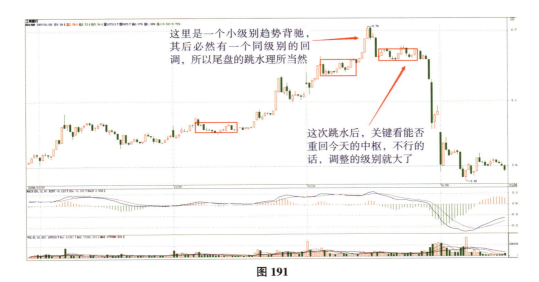

图 191

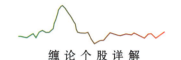

中行当天摸了涨停板，前一天也是涨停明显，比工行强，是补涨

图 191 （续）

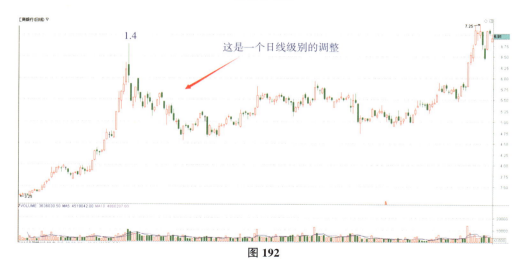

这是一个日线级别的调整

图 192

缠师这段话中还隐含了一个实战经验：由于当天工行是冲高回落，回落的幅度很大，一般出现这种幅度的回调时，要么尽快收复，否则调整的级别就会比较大。其背后的理论依据是，小级别背驰后，正常的调整依然是围绕最后一个中枢的调整，如果第一波调整力度很大，还不能快速收复，那么出现小转大的概率就很大了。

《〈论语〉详解：给所有曲解孔子的人（46）》文末回复内容

（2007—01—12　15：12：51）

［匿名］学习　2007—01—12　15：30：26

请问缠妹，工商银行的第二段，高点如何判定的。虽然我逃了，可我根据的

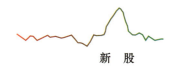

是突然放量后出的，没有明显看出背驰。在5分钟图上。是不是我看错了？

缠中说禅　2007-01-12　16：20：25

对于中枢，刚下来不是说了，工行下来形成两个中枢，反弹时，下面一个中枢有强烈的反拉力，而且，5分钟上有缺口，又是整数位置，至少反弹的第一段会在这里结束，这是很容易判断的。对于小资金来说，走了再说，等待下一个买点，如图193所示。

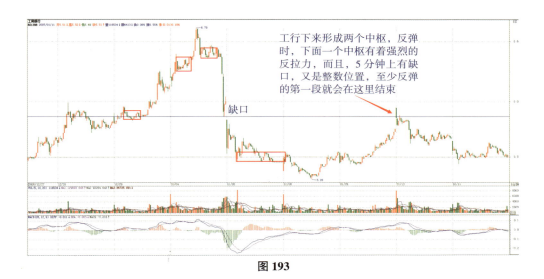

工行下来形成两个中枢，反弹时，下面一个中枢有着强烈的反拉力，而且，5分钟上有缺口，又是整数位置，至少反弹的第一段就会在这里结束

缺口

图 193

这个操作对实战很有帮助，分别从中枢的位置、缺口和整数关口三个维度来判断，1月10日的高开低走，就是一个短差的卖点！

缠中说禅　2007-01-05　15：57：29

第一要学的是，必须遵守买卖的规则，一定只能在买点上买。为什么要追高，没有任何股票是值得追高的。

在日线上，工行第三类买点出现后，至少站在日线级别是没有任何值得的买点。

当然，站在5分钟或15分钟级别，下周会有一个第一类买点，但今天形成的中枢，将有很大的吸引力，目前已经形成两个中枢在5分钟等短线图上，最好的走势是能围绕今天所形成的中枢消化压力，然后找机会上攻（见图194）。

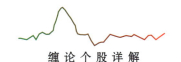

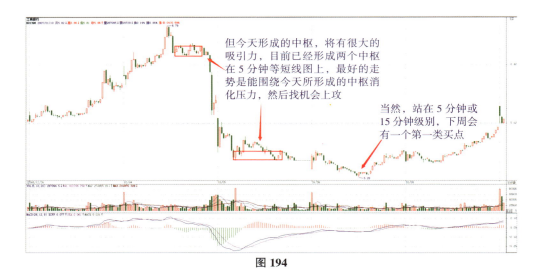

但今天形成的中枢，将有很大的吸引力，目前已经形成两个中枢在 5 分钟等短线图上，最好的走势是能围绕今天所形成的中枢消化压力，然后找机会上攻

当然，站在 5 分钟或 15 分钟级别，下周会有一个第一类买点

图 194

中线该股问题不大，短线看这两个中枢的牵引与压力的化解了。

缠中说禅　2007-01-05　17：11：25

对于日线上上涨过猛的股票，看回调打短差要看小级别的图。而且一般股票上涨一倍后都有压力，特别是大盘的。不过中线问题不大，耐心点，有机会可以打点短差，反抽是有的。

另外，打下来对人寿的开盘也有一定的压制，大家都希望能买到好价位，如果工行站 8 元，人寿还不开了 60 元？这样大家都别玩了。

无论是二线成份股的启动、人寿的开盘，还是中行的禁售上市，都要求工行等跌，是很正常的事情，而且是不难预见的事情，这种小插曲，对工行的中线走势没有影响。

缠中说禅　2007-01-09　21：41：07

要学会从大角度看问题。工行这次下来的调整，必然需要一个走势类型完美，例如一个日线级别的调整，必然在 30 分钟上有三段走势，想想现在是第几段，意味着什么？这样就能很从容地安排自己的操作了。只有定好大方向，才有必要看小细节。

缠中说禅　2007-01-10　16：22：39

今天继续补涨，三线成份股有表现，这十分符合轮动的节奏。但轮动能否继

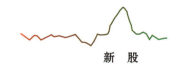
续，关键看工行等能否重新走强，不行的话，就要进入一个至少 30 分钟，甚至日线级别的调整。

最近的大涨，使反压言论开始冒头。其实，日线级别的调整就足够了。调整时，非成份股会出现补涨，短线机会还是很多的。

缠中说禅　2007-01-12　15：26：45

大盘今天的走势很正常，前几天不问过各位工行究竟走的是哪一段？根据走势必完美，三个次级别是必须的，所以这几天的走势太正常了。这根本不存在依靠任何人，一个走势必完美的原则就知道了。

个股依然是低价补涨，只要成交量不过于萎缩，个股行情就不断，主要是低价股的。注意，反复说的都是补涨。所谓补涨，就不会是连续的中线行情。前几天已经说过了，补涨完了，还要看工行等，它们如果不再启动，那么调整的级别就大了。

缠中说禅　2007-01-18　15：13：08

今天的大盘没什么可说的，工行的破位是为了去完成第三段的走势，所以很正常，当该走势完成后，将出现周线级别中枢的第二段走势。

缠中说禅　2007-01-26　15：39：30

大家注意了。

在实际操作中，光靠钱堆是最愚蠢的办法，一定要有巧力，中国文化里说的是四两拨千斤。站在纯资金量的角度，本 ID 可能没那些对手多，但本 ID 的 1 分钱来回用，就多出很多力量了。另外，只要有人当中流砥柱，自然有回应的，像工行这种股票，就要这样在关键位置出击，一呼百应才行，不能死打死拉，而且要有同盟军，靠一个人的力量是有限的。

工行在纯理论上，本来就是要跌破 5 元的，工行的中线大趋势本 ID 早说过了，就是破前期低位也就是 5 元形成走势必完美对于日线级别的第三段，然后有一个站在周线级别的第二段。目前工行的日线第三段是否走完，下周是关键，毕竟有一大堆新股要出来，这是对大盘最大的考验，不过下周有 1 万多亿元的资金解冻，怎么团结、引导这些资金的某些部分，就是下周成败的关键。

缠师对调整的级别也是逐步猜测并印证的，先是预计 30 分钟或日线级别的

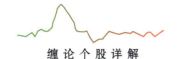

调整，等第一次反弹结束时，则确认了这是日线级别的调整，所以至少有 30 分钟图里的下上下三段，并且当时处于第二段（见图 195）。

一旦这波调整走势完成，将出现周线级别中枢的第二段走势，如图 196 所示。

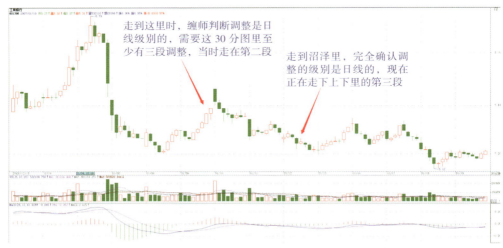

图 195

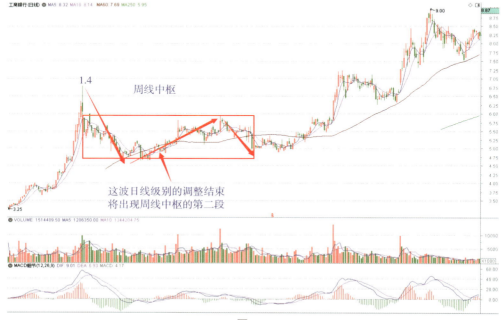

图 196

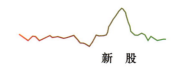

［匿名］无知　2007-01-11　21：30：00

工行日线级别的调整需要 30 分钟图上 3 个连续走势（下跌—上涨—下跌），完成一个"缠中说禅中枢"，现在是第二个走势阶段。

缠中说禅　2007-01-10　21：54：22

可以这样认为，以后说到趋势中中枢形态的交替原则，就知道为什么这次的调整如此急促，原因很简单，上次的中枢形态是平台，这以后再说了。

这里讲一个实战经验：中枢形态具有交替性原则。上次的中枢形态如果是平台型（窄平台），那么下一次的波动一般会加大。例如中国联通在 2016 年 9 月起来的那波趋势。还可以随机地翻一翻个股，看看趋势里面是否符合这个规律（见图 197）。

图 197

由于工行在 2006 年 11 月底到 12 月初构筑了一个窄幅平台型中枢，那么根据中枢形态的交替原则，下一个中枢的振幅一般比较大。2007 年 1 月初的下跌，幅度就明显加大了许多！如图 198 所示。

此外，如果第一个中枢是平台型，这里还隐含了两个操作机会：

（1）离开第一个中枢的次级别走势出现背驰时，可以减一点，因为后面的下跌波动会较大。

（2）在第二个中枢，尽量做短差，这里的波动大。

最后，整个 2007 年的行情下来，工行走了一个周线的盘整走势，如图 199 所示。

缠 论 个 股 详 解

（扫码联系作者）

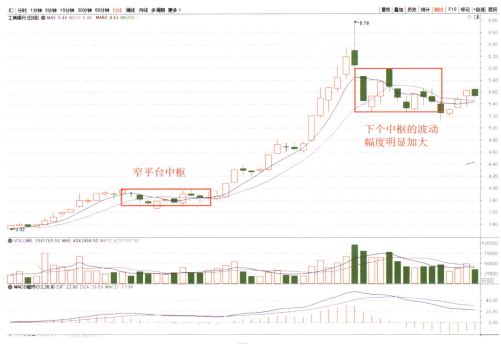

图 198

图 199

中国人寿（601628）

《〈论语〉详解：给所有曲解孔子的人（45）》文末回复内容

（2007-01-08　15：22：02）

缠中说禅　2007-01-08　15：53：56

明天中国人寿被热捧是必然的，至于2007年的药是否是2006年的酒，2008年就知道了。

缠中说禅　2007-01-08　21：28：18

上面有人争论龙头的问题。工行上市以后，最大的龙头只能是工行。不过人寿上市以后，将成为第二个最重要的龙头，这是用来打开上涨空间的，工行是中流砥柱，人寿是开路先锋。

缠中说禅　2007-01-08　21：29：11

人寿万一真有30元附近的价位，任何人都该积极买入。但估计这种价位是不会有的。40元左右，对于大资金来说，一定要找机会配置一点，50元左右，开盘就是这种价位也不奇怪了，如果要争夺市场的发言权，对于特大基金，也必须先抢部分筹码，以后再找机会滩平加仓。

对于大资金来说，有时候买股票不一定是为了马上挣钱，市场的领导权才是最重要的。

这是人寿在上市之前缠师的观点，核心逻辑是人寿是工行上市之后第二个最重要的龙头，对大资金来说一定要配置一点，不是为了马上挣钱，市场的领导权才是重要的。

《教你炒股票21：缠中说禅买卖点分析的完备性》文末回复内容

（2007-01-09　15：03：58）

缠中说禅　2007-01-09　15：13：32

大盘没什么可说的，人寿开在40元附近，短线有所震荡是正常的，最主要换手不足，太惜售，短线的关键是把这些人吓出来。中线该股一点问题都没有，看看茅台上市时多少钱，现在多少。中国最大的资源就是人，人寿搞的就是人，没有人，酒也废了。

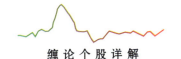
[匿名] 无知　2007-01-09　20：35：57

缠姐，我资金量比较小，今天没买国寿，有没有必要卖掉不太动的股票买进国寿啊？

缠中说禅　2007-01-09　21：32：33

各位，专一点吧，每天跑来跑去的，一定挣不了大钱。

至于人寿，如果你专一，一定没问题，如果你不专一，肯定受折磨。

这是人寿上市首日，开盘价是 37 元，收盘价是 38.93 元，因为前一天已经分析了人寿是机构必配的品种，一般散户建议买了之后别动了，后面有个探底的动作，最低到 31.5 元，但到 2007 年 10 月，最高涨到了 75.98 元，妥妥的躺赢（见图 200）。

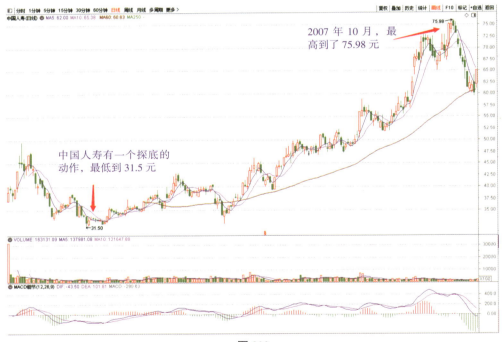

图 200

《教你炒股票 23：市场与人生》文末回复内容

（2007-01-15　15：50：11）

缠中说禅　2007-01-15　16：11：30

大家要为今天把人寿拉涨停出了力的给点掌声，本 ID 属于人寿的多头系统，

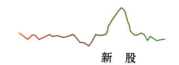
人寿的问题，不单是个股问题，而是一个中国定价权的问题。当然，空头还是比较大的，最大的危险在于经济学以及经济系统的敌人。人寿低位买了的就拿着了，现在没必要追了。多空的斗争，还是很激烈的，一般的散户，抗风险能力低，千万别追高。

［匿名］**水房姑娘** 2007－01－15 16：12：36

人寿和联通接过工行的大旗，不知这旗能扛到什么时候？对小散来说，什么时候逃命安全呢？

缠中说禅 2007－01－15 16：19：40

工行是不应该倒的，如果工行倒了，就意味着牛市的第一波结束。

人寿当天涨停，从 5 分钟图看，是离开一个小中枢的次级别走势，缠师不让追高，也是因为没有什么买点（见图 201）。

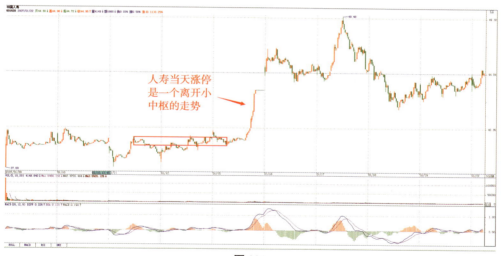

图 201

《〈论语〉详解：给所有曲解孔子的人（47）》文末回复内容

（2007－01－17 15：12：00）

缠中说禅 2007－01－17 15：18：53

前面已经说过，如果出现次次级别的背驰就要走三角形，今天 5 分钟的背驰如此明显还看不出，那就要去好好补课了。还有人寿在 5 分钟上也是典型的背驰。

大盘今天的震荡是 5 分钟的背驰引发的，一个绝好的短差机会，如果没把握好的，继续好好学习。这么典型的走势必须要把握好。没搞清楚的，就把上海和人寿的 5 分钟图弄出来好好研究。

其实，就算你看不懂大盘，看本 ID 狙击的股票今早开始走得特难看，就知道今天要震荡了。当然，本 ID 的快乐都是建筑在庄家的痛苦之上，这里说声对不起了。

缠中说禅　2007-01-17　15：22：15

各位，如果对背驰没有什么直观感觉的，好好看看今天的上海大盘以及人寿的 5 分钟图，这里本 ID 还要对人寿的庄家说声对不起，本 ID 也弄了他的短差，虽然本 ID 中线是看好他，但本 ID 见到背驰就要发狠，没办法，对不起了。

［匿名］妄语　2007-01-17　15：41：09

上海大盘的 5 分钟图背驰，好像有点牵强，人寿的 5 分钟图背驰，简直没看出来。

缠中说禅　2007-01-17　15：31：43

这么标准的图都看不出来，那你对背驰的理解就是完全错误的，至少不是本 ID 所说的。注意，是趋势之间的比较，而不是红柱之间的比较。

好好去研究，把以前的错误观念改过来，否则永远也学不会。

缠中说禅　2007-01-17　21：23：00

刚饭局回来，发现这里太多人对背驰还是一团酱，明天本 ID 就写一个"MACD 对背驰的辅助判断"，大家看文章好好再学习，今天就不对有关背驰的问题再回答了。

大家请多看今天大盘的 5 分钟图，以及人寿的 5 分钟图，为明天的学习准备一下。

缠中说禅　2007-01-17　21：27：25

本 ID 突然发现，这里也不是完全没有对背驰有点感觉的，你看这位，本 ID 可以给他戴一个大红花。

［匿名］勇敢的心　2007-01-17　12：35：49

楼主你好：601628 现在 30 分钟背离了。我下午开盘就出对吗？急盼中……

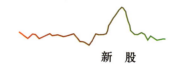

新　股

[匿名] 赚到了　2007-01-17　13：01：29

哪里有背驰，看来你没学明白。

[匿名] 过客　2007-01-17　13：06：23

1 分钟有。

[匿名] 过客　2007-01-17　13：08：41

说错了，是 5 分钟有，很明显的。

缠中说禅　2007-01-17　21：31：13

各位注意了，为了鼓励大家学习的热情，本 ID 现在颁发一个大红花给上面叫"过客"的，他在今天 13：00 的留帖，明确说了人寿是 5 分钟的背驰，证明背驰这东西，还是有人能通过学习在实战中把握的。大家都要向"过客"学习，彻底把技术上的疑点弄清楚。

大家注意了，你的学习会有回报的，但前提是，你一定要努力而且彻底把本 ID 的理论学清楚。

当天，大盘在 5 分钟图里，有一个盘整背驰的区间套，即 30 分中枢的背驰段，在该背驰段内部，也是一个 ABC 式的盘整背驰。如图 202 所示。

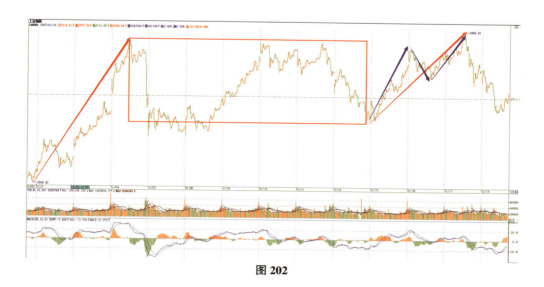

图 202

上证 5 分钟图如图 203 所示。

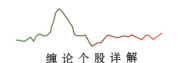

图 203

与此同时，中国人寿在 5 分钟图里，刚好构成一个趋势背驰。如图 204 所示。

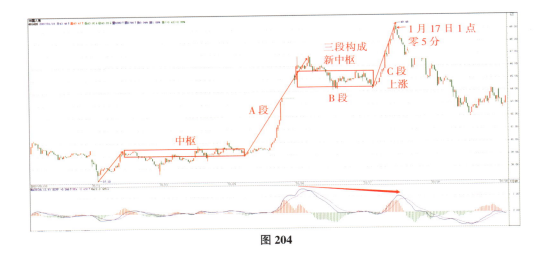

图 204

教你炒股票 24：MACD 对背驰的辅助判断

（2007-01-18　15：02：43）

这样说有点抽象，就用一个例子，请看人寿（601628）的 5 分钟图：11 日 11：30 到 15 日 10：35 构成一个中枢。15 日 10：35 到 16 日 10：25 构成 A 段。16 日 10：25 到 17 日 10：10 一个标准的三段构成新的中枢，也相应构成 B 段，

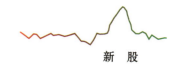

同时 MACD 的黄白线回拉 0 轴。其后就是 C 段的上涨，其对应的 MACD 红柱子面积明显小于 A 段，这样的背驰简直太标准了。注意，看 MACD 柱子的面积不需要全出来，一般柱子伸长的力度变慢时，把已经出现的面积乘 2，就可以当成是该段的面积。所以，实际操作中根本不用回跌后才发现背驰，在上涨或下跌的最后阶段判断就出来了，一般都可以抛到最高价位和买在最低价位附近。

上面是一种最标准的背驰判断方法。那么，背驰在盘整中有用吗？首先，为明确起见，一般不特别声明的，背驰都指最标准的趋势中形成的背驰。而盘整用，利用类似背驰的判断方法，也可以有很好的效果。这种盘整中的类似背驰方法的应用，称为盘整背驰判断。

盘整中往上的情况为例子，往下的情况则反之。如果 C 段不破中枢，一旦出现 MACD 柱子的 C 段面积小于 A 段面积，其后必定有回跌。比较复杂的是，如果 C 段上破中枢，但 MACD 柱子的面积小于 A 段，这时候的原则是先出来，其后有两种情况，如果回跌不重新跌回，就在次级别的第一类买点回补，刚好这反而构成该级别的第三类买点；反之就继续该盘整。

……

背驰与盘整背驰的两种情况中，背驰是最重要的，一旦出现背驰，其回跌一定至少重新回到 B 段的中枢里，看看人寿（601628）昨天的回跌，就一目了然了。而盘整背驰，一般会在盘整中做短差时用到，如果其间突破中枢，其回跌必须分清楚上面的两种情况。

缠师在第二天的文章里，详细讲述了人寿的这个趋势背驰是如何判断并出现的，重要的是能区分开哪里是中枢，哪里是背驰段。

［匿名］无知　2007-01-18　21：10：29

国寿今天的下跌是否背驰构成了 5 分钟级别的第一类买点？还是属于 1 分钟的背驰？因为 5 分钟没有两段可以对比的下跌趋势！

缠中说禅　2007-01-18　21：36：20

1 分钟有，然后就从 41.0 元反弹到 44.2 元，足够可以了。

人寿在 5 分钟背驰后开始回落，于 1 月 18 日出现了一个 1 分钟的趋势背驰买点，如图 205 所示。

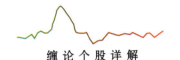

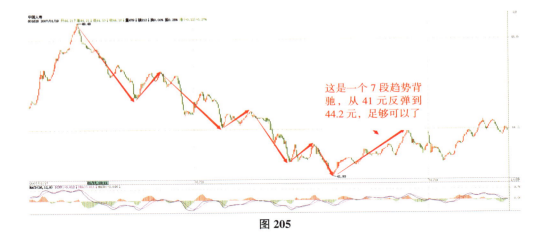

这是一个 7 段趋势背驰，从 41 元反弹到 44.2 元，足够可以了

图 205

《最大的泡沫就是某些国人！》文末回复内容

（2007-01-25 11：58：51）

［匿名］潜水很久 2007-01-25 21：53：01

大姐，39 元买的人寿，明天怎么操作，边看边学习中！

缠中说禅 2007-01-25 22：07：13

49 元那天是背驰，这里很多人都出了。后面的走势很标准，也要调整到 40 元的，为什么？走势必完美，因此 123 那天是必须走的，必然有一波下跌，如果不清楚这个的，请好好看看本 ID 有关股票的文章。至于后面，将继续寻找支持，然后有一个相应级别的反弹，压力位置是 45 元的中枢位置。

目前该股最强的走势，是围绕 45 元的中枢震荡，弱的就要回到 38 元原来的中枢震荡，但站在中长线的角度，该股有绝对的潜力，但必须等待下一轮一线股票的集体启动，否则依然以围绕某个中枢的震荡为主，短差机会少不了。

缠师说的 123 那天，就是 2007 年 1 月 17 日，当时大盘出现了一个 123 段的盘整背驰。45 元的中枢位置指 49 元高点之前的那个中枢，如图 206 所示。

《教你炒股票 27：盘整背驰与历史性底部》文末回复内容

（2007-02-02 15：11：27）

［匿名］惑 2007-02-02 15：42：33

请说一下中国人寿好吗？

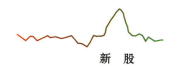
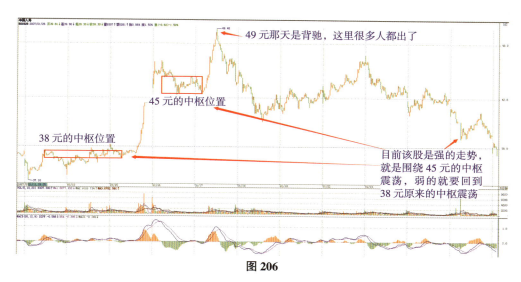

49 元那天是背驰，这里很多人都出了

45 元的中枢位置

38 元的中枢位置

目前该股是强的走势，就是围绕 45 元的中枢震荡，弱的就要回到 38 元原来的中枢震荡

图 206

缠中说禅　2007-02-02　15：49：512

这以前早说过了，去形成下跌的第二个中枢。该股在 49 元那次上涨背驰出来后，本 ID 就没提了，因为该股要等待一个下跌的背驰出现，出现后可以重新介入了。那次，行情就小不了，本 ID 也在等着，希望能见到 30 元附近的价位。中线，N 年以后看，复权上 100 元是没问题的，不过要耐心等待背驰的出现（见图 207）。

该股要等待一个下跌的背驰出现，出现以后就可以重新介入了，那次，行情就小不了，本 ID 也在等着，希望能见到 30 元附近的价位

形成下跌的第二个中枢

黄白线没拉回 0 轴前是不会有背驰的

图 207

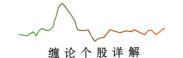

[匿名] **小注**　**2007-02-02**　**16：19：50**

禅主，601628 是否是 30 分钟背驰，36 元我进了，请你给看看好吗！

缠中说禅　**2007-02-02**　**16：30：59**

错，黄白线没拉回 0 轴前是不会有背驰的。最多是正在形成 1 分钟的背驰。

[匿名] **小注**　**2007-02-02**　**16：40：50**

禅主 601628 是 15 分钟黄白线拉回 0 轴一次！是否是 15 分钟背驰！

缠中说禅　**2007-02-02**　**16：46：22**

这是一个条件，还有必要看其后股价新低后是否创新低。更精确的判断，可以参考 5 分钟的图。也就是这个背驰段什么时候结束。

2 月 2 日那天之后，刚好形成下跌以来的第二个中枢，该中枢出现后，在 3 月 5 日创出新低 31.5 元，并出现背驰，之后从 31.5 元一直涨到 2007 年 10 月的 75.98 元（见图 208）。

图 208

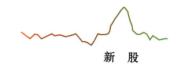

从 31.5 元到 75.98 元的这波走势，在日线上可以分解为五段走势（图 209 红色箭头），最后一段的力度最大，内部是个五段趋势背驰（图 209 蓝色箭头），如图 209 所示。

图 209

中国国航（601111）

教你炒股票 7：给赚了指数亏了钱的一些忠告

（2006-11-16　12：00：01）

国庆前，香港有几个大的基金经理过来，吃饭时让本 ID 给修理了一通，屁颠屁颠回去了。最近这伙人干得不错。

但这几个月还是有点烦，就是整天被一大叔骚扰。他钱不多，也就千万级别的资金规模，这种人本 ID 从不搭理，但这个大叔有点特殊，有些渊源，人家年纪又这么大，四十好几了，怎么都给点面子。但有时候，真想踹他两脚。4 月，本 ID 布局权证时，他就不敢买，后来权证疯了，他就后悔。然后我告诉他，年纪大了就不要玩太高风险的，买银行股吧，民生，4 元附近买了就搁着，结果赚了几毛钱就跑，真没出息。最可气的是，国航跌破发行价时告诉他去买，这大叔

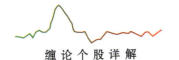

犹犹豫豫，N 天时间也就买了点，长起来几毛钱又走了。最近，让他在 3 元多吸纳北辰实业，4 元不到就跑了，本 ID 简直对他彻底绝望。不过他还算好，有部分钱在年初 3~4 元买了一只自己十分熟悉的北京股票，现在已经 10 元了，但这个大叔最麻烦的是，上下一波动就紧张，就打电话来骚扰本 ID，本 ID 教他怎么在箱型盘整时弄短差，这大叔，涨的时候不敢卖，跌的时候不敢买，本 ID 真服了他。

国航发行价是 2.8 元，上市首日开盘价是 2.78 元，最低下探到 2.74 元，之后开始一路震荡上行，在 2007 年 7 月开始加速，直到 2007 年 9 月 21 日达到最高点 30 元，涨幅超过 10 倍。走势上，是典型的先缓慢沿通道上涨，然后加速赶顶的经典走势（见图 210）。

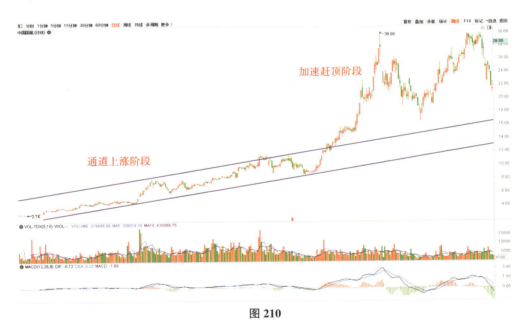

图 210

走势上是一个 4 中枢的趋势，但没有背驰段，如图 211 所示。

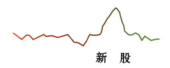

图 211

西部材料（002149）

热点蔓延，阳光下没有新鲜事

（2007-08-14　15：49：37）

注意，本 ID 战略转移，并不会影响博客的一切活动，只是有时候晚上的文章，可能会因为应酬改到早上发，如此而已。而且，本 ID 现在是战略转移，零成本的股票是不会抛的，没到零成本的，本 ID 也不会胡乱抛，没到卖点，凭什么抛？今天，能在 49 元下买到 002149 的（见图 212），可要感谢本 ID，某人脑子进水，竟然企图让本 ID 在 50 元出来，一开盘就企图打压，脑子有水吧？这只股票，本 ID 会抛至少一半的，但想让本 ID 今早 49 元以下就抛，简直病得不轻。

今天可以回答问题到 16：30。

外围因素引发今日震荡

（2007-08-15　15：49：33）

个股方面，请问 002149 让各位爽了没有？当然，后面的走势和本 ID 没关系，本 ID 只在上周五最高买到 43 元，然后把其中 41 元附近一部分清单在这里放了

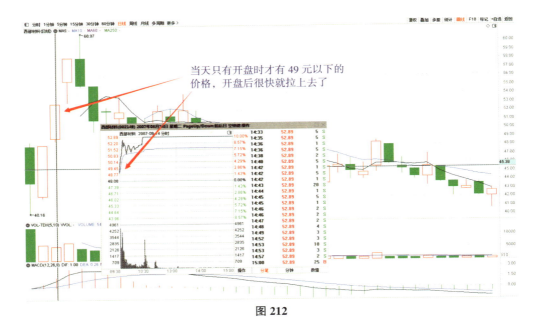

图 212

几个小时。这只股票，为什么还有这么多人抢入，最主要是基本面与成长性。本 ID 在 N 个月前，强调过中小板成长股的中长线介价值。后来，本 ID 也告诉过你们买入 002121，注意，这只股票和 002149、600635 有关系，那纯属意外。对于中小板，一定要看其成长性，而且要有耐心。

注意，任何股票，都不值得追高，包括如 002149 这样的。

缠师是在上市首日（周五）买的，43 元以下的成本，周一涨停，周二开盘并不高，是有人企图打压，想让前一天涨停进的资金有点赚头就出来，结果立刻被拉涨停，周三又一个涨停，连续 3 个涨停板，缠师把一部分仓位在涨停板出了（见图 213）。

教你炒股票 78：继续说线段的划分

（2007-09-06 22:28:31）

注意，各位有时候不要太神经质，本 ID 现在什么新股票都不会买，要搞也只搞原来低位买的。本 ID 最后一只股票，这里的人都知道，就是 002149，在上市第一天买的，当天贴了点成交记录，几小时后删除，后来怎么样，大家都看见了。

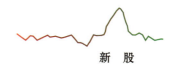

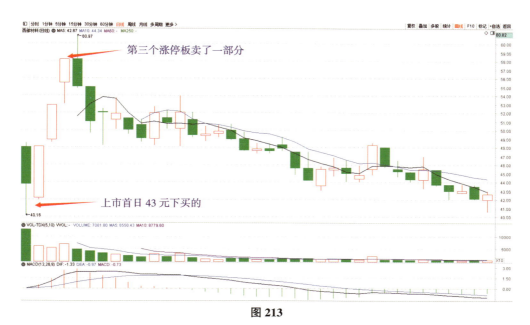

图 213

《市场继续进入 530 前的怪圈》文末回复内容

（2007-09-10　15：58：37）

[匿名] 新浪网友　2007-09-10　16：41：05

神仙姐姐，002149 太可怜了，洗得只剩排骨了。

啥时能回归原来的剧本啊！

缠中说禅　2007-09-10　16：47：11

002149，要跑的话 60 元后早跑掉了。新股一定要注意节奏，一些新股是先炒一轮，然后下来慢慢洗盘再吸。否则现在的新股，都开得很高，庄家的成本都这么高，让庄家怎么活？等新股真启动时，都还以为庄家的成本就是 40~50 元的，那是脑子有水了？

像 002149 这种股票，好的庄家，一拉一洗一震，怎么都把成本降到十几元了。就算以后从 40 元、30 元开始启动，你说庄家赢的机会有多大？

周底分型构成待确立

（2007-12-14　15：48：40）

002149：上市时短炒了几天，然后先走了。后来在答疑的时候描述过这类股

票的中长线建仓手法，现在的走势基本按剧本走，当时说最好能到十几元，估计有点难度，如果真有这个价位，那肯定是无敌风火轮了。砸得狠，往往是爱之深，想吃到中长线的便宜筹码，如此而已。公司基本面很好，最不好就是中长线的筹码很难买够。

当时缠师也没有料到 2008 年一年能那么惨，最终该股跌到了 7 元多，然后在 2009 年的行情里，又涨到 40 多元（见图 214）。

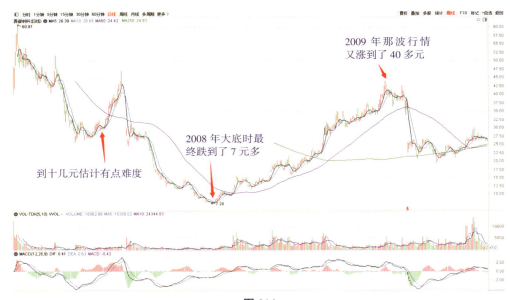

图 214

权　证

五粮液认购权证和包钢认购权证

股市闲谈：G 股是 G 区，大牛套不住！

（2006-05-12　19：02：25）

一年前股市跌到 1000 点最腥风血雨时，当时看到很多人在网上很可怜，就用老 ID 给了一个明确的说法，叫"G 股是 G 区"，越腥风血雨机会就越大。现在这个 G 区已经弄得让很多人受不了，绝大多数在市场中的人，跌也怕，涨也怕，真是可怜。为此，今天再给一句话，叫"大牛套不住"。

这个套不住，最关键的意思就是不要用老思路套用走势，特别是那些对市场了解不多的。例如，那天看到有人说什么五粮液的权证疯了，都 3~4 元了，这些人就是对市场了解不多。知道以前宝安权证做到多少吗？知道深圳市场受香港影响一直都有玩权证的传统吗？知道在香港比这疯得多的权证遍地都是吗？市场总是要超越一般人想象的，3~4 元就贵？为什么股价就不能比酒价贵？哪一天，按复权算，一瓶茅台、五粮液买不来一股相应股票又有什么可奇怪的？

投资中国房地产，脑子进水的表现！

（2006-06-26　19：06：42）

从实际上看，投资中国的房地产还不如投机中国的权证市场，权证里一两个月长 10 倍的都有，而中国的房地产不过就是一张 70 年的权证，准确说连权证都不如，至少权证到期可能还有点什么，房子到期就什么都不是了。现在说什么到时候可以补地价之类的都不过是瞎掰。

权证是一种股票期权，按照"百度百科"的解释是指：支付一定数量的价金

之后，就从发行人那获取了一个权利。这种权利使持有人可以在未来某一特定日期或特定期间内，以约定的价格向权证发行人购买/出售一定数量的资产。购买股票的权证称为认购权证，出售股票的权证叫作认售权证（或认沽权证）。权证由于发行量小，制度不健全，自从诞生以来，就被前仆后继的投机者炒得热火朝天。所以缠师说，投资中国的房地产还不如投机中国的权证市场。严格地说，中国股市第一个真正意义的权证是 1992 年 6 月大飞乐（即飞乐股份）发行的配股权证。同年 10 月 30 日，深宝安在深市向股东发行了中国第一张中长期（一年）认股权证：宝安 93 认股权证，发行总量为 2640 万张。宝安权证一发行就在市场上掀起了炒作狂潮，价格从 4 元一直飙到 20 元。

教你炒股票 6：本 ID 是如何在五粮液、包钢权证上提款的

（2006-10-24　12：45：16）

就像 4 月时本 ID 在五粮液、包钢认购权证上的布局。为什么选择它们而不是其他，道理很简单，因为它们既有认购又有认沽，而对于企业来说，除非行情特别不好，否则是不会让认沽兑现的，因为不兑现，这就是一个空头支票，而兑现是要掏真金白银的。因此，对既有认购又有认沽的认购权证来说，认沽和认购的行权价之间的差价，就是认购权证最安全的底线。对于五粮液、包钢认购权证，这个底线就分别是 1.02 元和 0.43 元。而本 ID 当时分别在 1 元多和 4 角多吃它们，是不是与去银行提款一样安全？唯一遗憾的是，它们的盘子都太小，属于小资金的类型，容纳不了太大的资金。小资金，没什么劲；小盘的股票，也一样。

《〈论语〉详解：给所有曲解孔子的人（33）》文末回复内容

（2006-11-21　12：00：00）

［匿名］冰火　2006-11-22　00：59：00

除非行情特别不好，否则是不会让认沽兑现的，因为不兑现，这就是一个空头支票，而兑现是要掏真金白银的。

这句话我尤其看不明白，权证一旦发行了就是有法律效力的，企业怎能和投资者买认购权证一样赖皮不兑现？还有就是难道企业有操纵权证价格的能力？

我的问题太弱智了，俺承认俺超级菜，但不问清楚我真的睡不瞑目啊！！

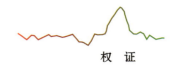

缠中说禅   2006-11-22   09：19：07

对不起，刚上来。股价升破认沽价，认沽权证就是废纸，就不用兑现了，因为没人会去兑现。例如，认沽价 3 元，现在股价是 4 元，没人会用 4 元的股票去换 3 元的人民币。

权证的推出，为上市公司提供了新的融资方式。持有认购权证者，与目前流行的可转债有权转换成股票相类似。所以缠师说"对于企业来说，除非行情特别不好，否则是不会让认沽兑现的"。因为认沽兑现，"兑现是要掏真金白银的"，企业反而要还款。

在权证实务中，被广泛用于进行权证定价的是 Black-Scholes（布莱克-斯科尔斯）模型（简称"B-S"模型）。权证价格由内在价值和时间价值两部分组成。当正股股价（指标的证券市场价格）高于认股价时，内在价值为两者之差；而当正股股价低于认股价时，内在价值为零。但如果权证尚没有到期，正股股价还有机会高于认股价，因此权证仍具有市场价值，这种价值就是时间价值。缠师说："对既有认购又有认沽的认购权证来说，认沽和认购的行权价之间的差价，就是认购权证最安全的底线。"以五粮液（000858）为例，公司于 2006 年 4 月 3 日发行了 030002 五粮液 YGC1 认购权证和 038004 五粮液 YGP1 认沽权证，行权价分别为 6.93 元和 7.96 元，两个行权价的差价为 1.03 元，就是认购权证最安全的底线。图 215 为 030002 的走势，价格从上市首日的最低价 1.21 元炒至最高价 51.7

图 215

元。由于存在时间价值，上市首日最低价 1.21 元，高于 1.03 元的最安全底线。包钢股份（600010）于 2006 年 3 月 31 日发行了 580002 包钢 JTB1 认购权证和 580995 包钢 JTP1 认沽权证，两者的行权价分别为 1.94 元和 2.37 元，差价正好是 0.43 元。

教你炒股票 9：甄别快男的数学原则！

（2006-11-22　12：00：00）

最后，可以选择基本面构成一个甄别快男程序，但这个基本面不单纯指公司盈利之类的，像本 ID 在前几期所说，国航股票不会长期跌破发行价，还有认沽权证基本不会让兑现等，这才是更重要的基本面，需要对市场的参与者、对人性有更多的了解才可能精通。

看本 ID 的文章，要学会方法，当然，本 ID 有时候可能有意无意会透露点东西，但你必须有分析能力，要吃透方法。就像 10 月 24 日告诉你认购权证介入的一个原则，26 日武钢认购权证就大幅启动，2 周从 3 角多长到 1 元多，翻了快 4 倍，如果你真能吃透本 ID 所说的方法，这种机会是可以把握的。

水热火深　2006-11-22　10：58：10

多谢大侠指教。我就是那个冰火。我大概明白你的意思了，假如 Y 是认沽行权价，X 是认购行权价，那企业为了自己的利益会尽量保证行权当天的股价不低于 Y，所以认购权证的最终价格会不低于 Y－X，所以只要认购权证的价格跌到（Y－X）以下的区间内，都是比较安全的。是这个意思吗？

缠中说禅　2006-11-22　12：32：44

不一定要跌到那区间，基本不会跌到那区间，在上面高点的位置就可以了，那是一个底线，基本不会跌破。所以你就有了一个几乎绝对安全的标准。像最近的武钢，绝对安全线在 0.21 元，在 0.35 元见到底部。等于你用最多 30% 的风险去赌 300% 的利润，这样当然可以介入了。

知道了认购权证的底价，并不意味着一定要等跌到底价才可以买，因为那个底线基本不会跌破，可以给一定的溢价，比如溢价的 30%，相当于用 30% 的风险去赌 300% 的利润，从盈亏比上来看，绝对划算！

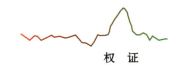
五粮液认沽权证

缠师在五粮液认沽权证上的操作才是经典，一买之后何时卖，何时回补，如何短差，都在五粮液认沽权证的操作中表现得淋漓尽致！

缠中说禅　2006-11-22　12：35：59

给大家一个图，结合本 ID 上面的"各位注意"，自己分析一下。这就是 038004，五粮液认沽。这东西本 ID 上市时搞过一次了，最近这次是第二次，就是按照这个标准进入的，各位猜猜本 ID 是如何进入的，又在什么地方加码买入的。明天告诉各位答案。

该权证风险极大，最终要变成废纸，本 ID 说它只是为了和各位上课，绝对不要买，而且现在买点都早过了，更不能买。

缠中说禅　2006-12-13　12：17：52

关于 038004 的作业，回答比较正确的是下面这位。但还是有点出入。10 月 23~25 日是本 ID 的建仓期，第一波上去后，11 月 8 日减了一半，后来在 60 日线附近一路回补，加仓是在 12 月 6 日、7 日两天，比第一次买的，加了 1/2 的仓位。这里的理由除了第二类买点，还有一个现在没说到的，就是三角形整理的第五波末段。该走势十分标准，自己去研究一下。昨天根据 5 分钟线的背驰出了大半，剩下的成本是零了。本 ID 做权证，特别是认沽权证，第一轮上去都会这样减仓操作，只持有成本是零的仓位等待第二波，第二波是否有，这已经问题不大了，这样就绝对立于不败之地了。

五粮液（038004）认沽权证，缠师的操作详见日线图 216 所示。

从日线图上看，2006 年 5 月 16 日第一波上涨的高点到 10 月 23 日缠师建仓点，是一个日线级别的盘整背驰，如图 217 所示。

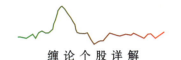

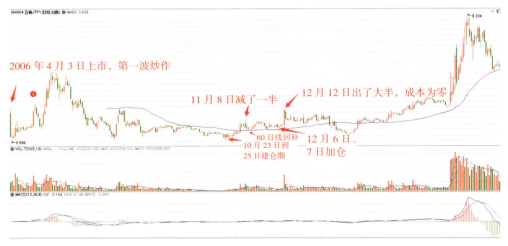

图 216

图 217

从日线图上看，缠师在日线次级别一买建仓，二买加仓，然后盘整背驰出了大半，如图 218 所示。

从 60 分钟图上看，该三角形构成一个三角形中枢，由五段构成，如图 219 所示。

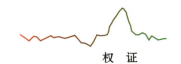

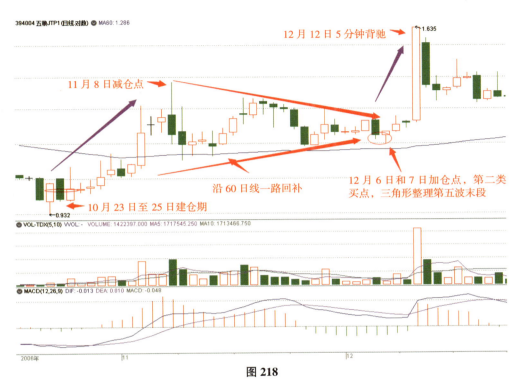

图 218

图 219

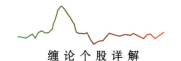

从 5 分钟图上看，10 月 23 日低点至 11 月 8 日高点，构成背驰，如图 220 所示。

图 220

从 5 分钟图上看，12 月 7 日低点至 12 月 12 日高点，构成背驰，如图 221 所示。

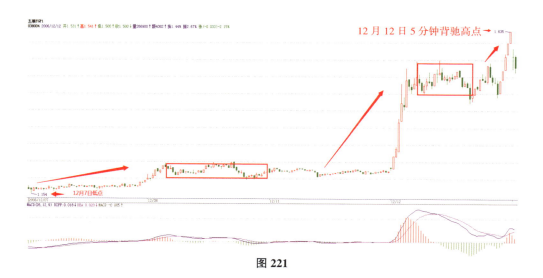

图 221

这是一个充分了解市场的案例，上市公司发行权证，无非也是融资，从市场里拿钱来花，好不容易发了权证换来了钱，上市公司一般不会让权证轻易兑现，

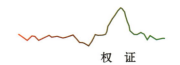
因为一旦兑现，上市公司是要掏出真金白银的。

于是，对于一个既发行认购权证又发行认沽权证的股票，就有一个套利模型。打个比方，假设认购权证的行权价是 10 元，也就是说拥有认购权证的投资者到期可以 10 元的价格买入股票，哪怕当时股价涨到 100 元，你也可以 10 元一股的价格来买。而同时，还有认沽权证，行权价假设是 11 元，也就是说，拥有认沽权证的投资者到期可以 11 元价格卖出股票，哪怕当时股价只有 1 元。因此，认沽权证要想兑现，一般股价要低于认沽权证的行权价，只有这样，持有认沽权证的投资者才有兑现的意愿，否则直接在二级市场上以现价卖岂不更好？而上市公司一般是不想让认沽权证兑现的，因此势必会想办法使股价高于 11 元，而认购权证的行权价是 10 元，如果到期后股价大于 11 元，那么即使没有溢价，认购权证的实际价值也会大于 1 元，所以，对于认购权证来说，其安全的底线是认沽和认购的行权价之间的差价。那么五粮液的认购权证的安全底线是 1.02 元，包钢认购权证的安全底线就是 0.43 元，这是因为权证还内含了一定的时间价值，多少会有一定的溢价。

所以，充分了解市场规则非常重要，只有如此才能发现其中的机会。

其　他

中牧股份（600195）

《〈论语〉详解：给所有曲解孔子的人（58）》文末回复内容
（2007-03-20　15：23：18）

缠中说禅　2007-03-20　15：24：15

个股没什么可说的，中行等休息，其他股票活跃，这是最好的情况。不过还是要提醒，如果是中线持股，除了用部分筹码打短差，还要持得住。并不是敢涨停的就一定是好股票。涨停算什么，最后能涨多少才是真实的。像前面说过某大叔抓不住的股票，就是600195的中牧，从去年4月中3元多开始到11元，从来就没涨停过，也没阻止他一年不到翻了5倍。如果一只股票涨了2倍还从来没涨停过，只有一种可能，就是它要涨5倍甚至10倍，因此根本不屑于用涨停来现眼。

反复震荡爬升的股票是股票中的极品，可以弄出无数的短差来，问题不是这只股票有没有涨停，而是这只股票波动大吗？最终潜力大吗？一定要把问题搞清楚。天天追涨停的，永远只能是散户，大一点的资金都根本不可能这样操作的。

缠师是在《教你炒股票7：给赚了指数亏了钱的一些忠告》中提到该大叔，当时发文时间是2006年11月16日，文中提到给这位大叔的内容如下：

但这几个月还是有点烦，就是整天给一大叔骚扰。他钱不多，也就千万级别的资金规模，这种人本ID从不搭理，但这个大叔有点特殊，有些渊源，人家年纪又这么大，四十好几岁了，怎么都给点面子。但有时候，真想踹他两脚。4月，本ID布局权证时，他就不敢买，后来权证疯了，他就后悔。然后我告诉他，年纪大了就不要玩太高风险的，买银行股吧，民生，4元附近买了就搁着，结果赚

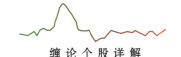

了几毛钱就跑，真没出息。最可气的是，国航跌破发行价时告诉他去买，这大叔犹犹豫豫，N 天时间也就买了点，长起来几毛钱又走了。最近，让他在 3 元多吸纳北辰实业，4 元不到就跑了，本 ID 简直对他彻底绝望。不过他还算好，有部分钱在年初 3~4 元买了一只自己十分熟悉的北京股票，现在已经 10 元了，但这个大叔最麻烦的是，上下一波动就紧张，就打电话来骚扰本 ID，本 ID 教他怎么在箱形盘整时弄短差，这大叔，涨的时候不敢卖，跌的时候不敢买，本 ID 真服了他。

可以看出，缠师第一次给他推荐股票大约在 2006 年 4 月。而 600195 是在 2006 年 4 月 26 日到达底部 3.29 元，到 2006 年 11 月 16 日股价为 10.06 元，刚好符合文中所说在 3~4 元买了一只熟悉的北京股票（中牧股份北京的股票），现在已经 10 元多了，见图 222。

图 222

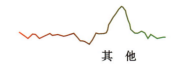

反弹剧本第一目标胜利完成

（2007-12-11 15：33：37）

这几天，把本 ID 曾说过的股票再分别说一次。注意，本 ID 说的股票，都是从长线角度说的，你要充分理解本 ID 的理论才能发挥最大的效力。由于本 ID 现在比较乖，都是组合形式地操作，不会在一只股票上买个 90% 筹码之类的活动，所以组合的股票比较多。一般的散户，可以按照股票池的观点来看，没必要在一棵树上吊死，如果能选择好轮动的节奏，那效果是最好的。当然，没这本事的，那就吊死在 000999、600737 之类的股票上算了。

600737：当然不会是单纯的农业股，属于什么牛板块，现在还不能说，说了会出毛病，以后就知道了，知道就会明白，8 元的 600737，简直比冬藏大白菜还便宜。

000999：以后可能牛得不得了，现在，没办法，谁让股改都没完成？

600195：垄断性公司，以后的牛闻不断，不过里面无聊人不少，否则怎么会只有现在的价格。

600779：现在的价格绝对是一个悲剧，怪就怪某些人拿得太多。

000915：创出 6100 点新高的股票不多，为什么它能？本 ID 在这里说的时候，只有 3 元多点，以后如果能翻 10 倍以上，并不是太奇怪的事情。

600635：本 ID 是在除权前的 5 元说的，等于现在的 3 元多，这股票当然是要涨 10 倍以上的，就一个 PE 概念已经足够。

000938：这只股票当然不只 PE 一个概念，而且总体涨幅不大，以后会报仇的。在中国，连清华都不相信，你还能相信谁？

000822：该说的很多，但很多都不方便说，说了要出毛病。唯一可以说的，第一次到 18 元，该拿货的人都没拿着，大盘 6100 点的大跌，真是缘分哟！谢谢啊！

每天说 8 只，其他曾说过的都在后两天补说，等等吧。

先下，再见。

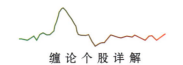

> 公司是中国兽用生物制品行业龙头。中牧股份主营动物疫苗、兽药和饲料生产贸易。其中，兽用生物制品业务利润占80%以上。公司是口蹄疫疫苗、禽流感疫苗定点生产企业，口蹄疫疫苗市场占有率达到50%以上，主要产品销售规模居全国第一。

参考资料：中牧股份：中国兽用生物制品行业龙头（2006年10月25日），http：//futures.money. hexun.com/1881467.shtml。

　　该股票从最低点3元多一直涨到2007年10月高点37.9元，总共翻了11倍多，走的是一个4中枢的日线趋势，以背驰结束，非常技术！如图223所示。

图 223

深科技 A （000021）

刀锋上的行走

（2007-08-31　16：04：19）

　　个股方面，没什么可说的，该说的，在8月13日已经全说了："个股方面，一、二线成份股的行情依然会延续，但要注意升幅过大后的短线震荡风险，而当

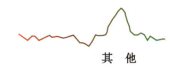

业绩风险释放后，二、三线题材股会找到重新活跃的动力。"

　　至于一直有人说本 ID 原来那十几只股票基本面很差，纯粹垃圾股的，最近的看法也应该有所改变了。本 ID 从来不乱买股票，如果乱买，那么整个股市中最与 VC 和 PE 相关的两只股票 600635、000938，为什么都在本 ID 的组合里？本 ID 那十几只股票中，业绩暴增百分之几百甚至一千的，难道还少？当然，这只是冰山一角，就像 000938，谁告诉你就是 PE、VC 这点事情？

　　长线介入与短线介入根本不是一回事，本 ID 已经把最好的方法告诉各位了，就是利用中短走势把长线成本降到零，然后长线持有，对于大资金，这基本是唯一可行又效率最高的方法。如果是小资金，根本不需要这样，你忙得过来，技术又可行，那么天天都可以冲动一把，关键是你能否有这时间、通道与技术。

　　但小资金弄好了，最终都要大资金的，所以最终都要走这条道路。

　　没有成本，本质上是没有占用资金，这样才有安心持股的可能以及效率。那些连几个月都熬不住的，根本就不适宜做股票。例如，000938 之类确实很无聊，但如果你零成本长线持有了，那就不无聊了。这只股票历史天价是 100 元，一只清华的股票，大牛市竟然可以不创历史新高，你相信吗？当然，这可能需要 1 年、2 年……N 年，但对于零成本后，就无所谓了。而且，清华企业的整合是必须和必然的，这里的空间有多少，本 ID 不想去预测，没意义。总之，本 ID 零成本地和它海枯石烂了。

　　其实，本 ID 还有一只独自去偷欢的股票，比 000938 更无聊，那就是000021，原来的深科技，7 元时介入的，现在已经三个季度了，除了已经把成本降为零外，这只股票没有任何值得炫耀的地方，但本 ID 也和它缘定三生了。

　　对不起，本 ID 只会把股票变成零成本后海枯石烂地持有，除此之外，对大资金，本 ID 不知道任何在大牛市里更好的操作方法。当然，在一个大级别的回调中，本 ID 也会弄一个短差去增加筹码数，这大概就是本 ID 唯一能再干的活了。

　　缠师提到，它是在 3 个季度以前买的 000021，说这话是在 2007 年 8 月 30 日，3 个季度以前就是 2006 年 11 月，可以看到该只股票刚好在 2006 年 11 月 14 日见底，然后一个日线趋势直接涨到 20 元附近（见图 224）。

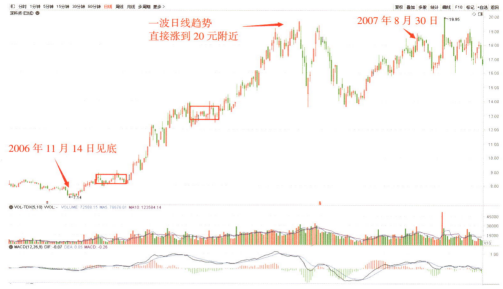

图 224

总 结

本书 36 只个股是缠师从 2006 年起一直到 2008 年 10 月公开明确分析，并且持续跟踪的股票，还有几只股票只简单提了一下，没有持续跟踪，所以不再深入研究。

通过对缠师这 36 只个股的复盘，可以得到以下几点启发：

（1）每只股票都不是随便选的，缠师对它们的基本面情况了如指掌，这是前提。

（2）缠师的消息渠道相当厉害，这是普通人无法比拟的优势。决定对大部分个股下手的主要原因是消息和基本面上的支持，技术部分只是说明具体什么位置下手。

（3）每只股票里面有几拨人，盘子乱不乱，缠师都知道，一部分是可以从盘面看出来，另一部分缠师是可通过其他渠道查到，这是博弈的范畴。

（4）大部分个股的入手位置是在日线三买或者周线三买附近，很少参与底部震荡。

（5）在资金管理上，缠师也搞了一揽子股票的组合，并不是只搞一个，一方面是因为其资金量比较大，另一方面是避险的需要，这一点值得我们借鉴。

（6）缠师在新股中工国际（002051）和西部材料（002149）上做过短线，都是上市首日低吸买入，短线上拉之后就立刻走掉，一般散户很难跟上这个节奏，这是高难度动作，不具有效仿的意义。

很多股票缠师看似随意说说，但其实并不随意，每次点评时，要么存在潜在的买卖点，要么处于变盘时，非常值得仔细揣摩。通过对缠师 36 只股票的操作和点评，希望大家能从中吸取宝贵的操盘经验，在学缠用缠的道路上加速小跑，提升自己的实战能力！